FERRETE
et ses
Environs

Prix : 60 Pfg

AU

CLUB VOSGIEN

SECTION DU JURA

A FERRETTE

FERRETE

ET

ENVIRONS

GUIDE DU TOURISTE

DANS LE JURA ALSACIEN

avec des

NOTICES HISTORIQUES

sur le Château, la Ville et le Pays de Ferrette

ALTKIRCH

EUGÈNE MASSON, IMPRIMEUR-ÉDITEUR

—

En vente chez CAMILLE GAULT, libraire à Ferrette.

1892

AVANT-PROPOS.

Il nous semble qu'après les différentes évolutions du globe, alors que les terres sortaient en grand nombre du milieu des mers pour former définitivement la croûte terrestre, la main puissante du Maître qui présidait au chaos ait sciemment appuyé quelque peu sur les derniers contreforts du Jura, pour imprimer à notre petit pays de Ferrette le cachet du beau. du pittoresque qui frappe de prime abord l'imagination de l'étranger venant de la plaine d'Alsace. Malgré ce charmant effet, Ferrette, perdu dans les montagnes, est resté jusqu'ici imparfaitement connu.

Voici enfin le Chemin de fer établi, ce grand facteur qui change la face des choses; il nous ouvre une ère nouvelle en nous mettant aujourd'hui en relation directe et rapide avec le monde extérieur.

Nous profitons de cet évènement important dans l'histoire de notre pays Sundgovien pour faire connaitre à ceux qui l'ignorent, particulièrement aux touristes, aux amateurs de belles ruines, de beaux sites, à tous ceux qui aiment les curiosités que nous a transmis le moyen-âge et les beautés de la nature dont la Providence nous a si abondamment gratifié, un charmant coin de l'Alsace, qui faute de communications rapides, a été peu visité par l'étranger.

Le voyageur, le touriste, s'en convaincront aisément en dirigeant de nos côtés le but de leurs pérégrinations à l'époque des vacances.

Le Guide que nous leur dédions leur permettra de visiter facilement notre beau pays, et les dirigera dans les excursions, qui sont nombreuses, peu pénibles, et toujours agréables.

Ils liront aussi avec intérêt, nous l'espérons — ceci s'adresse particulièrement aux Alsaciens, aux gens du pays — les notices accompagnées de dessins que nous avons joints à notre Guide, et qui leur fourniront des renseignements curieux sur les évènements qui se sont déroulés, soit dans la petite ville, soit dans le pays de Ferrette.

H. Vogelweid.

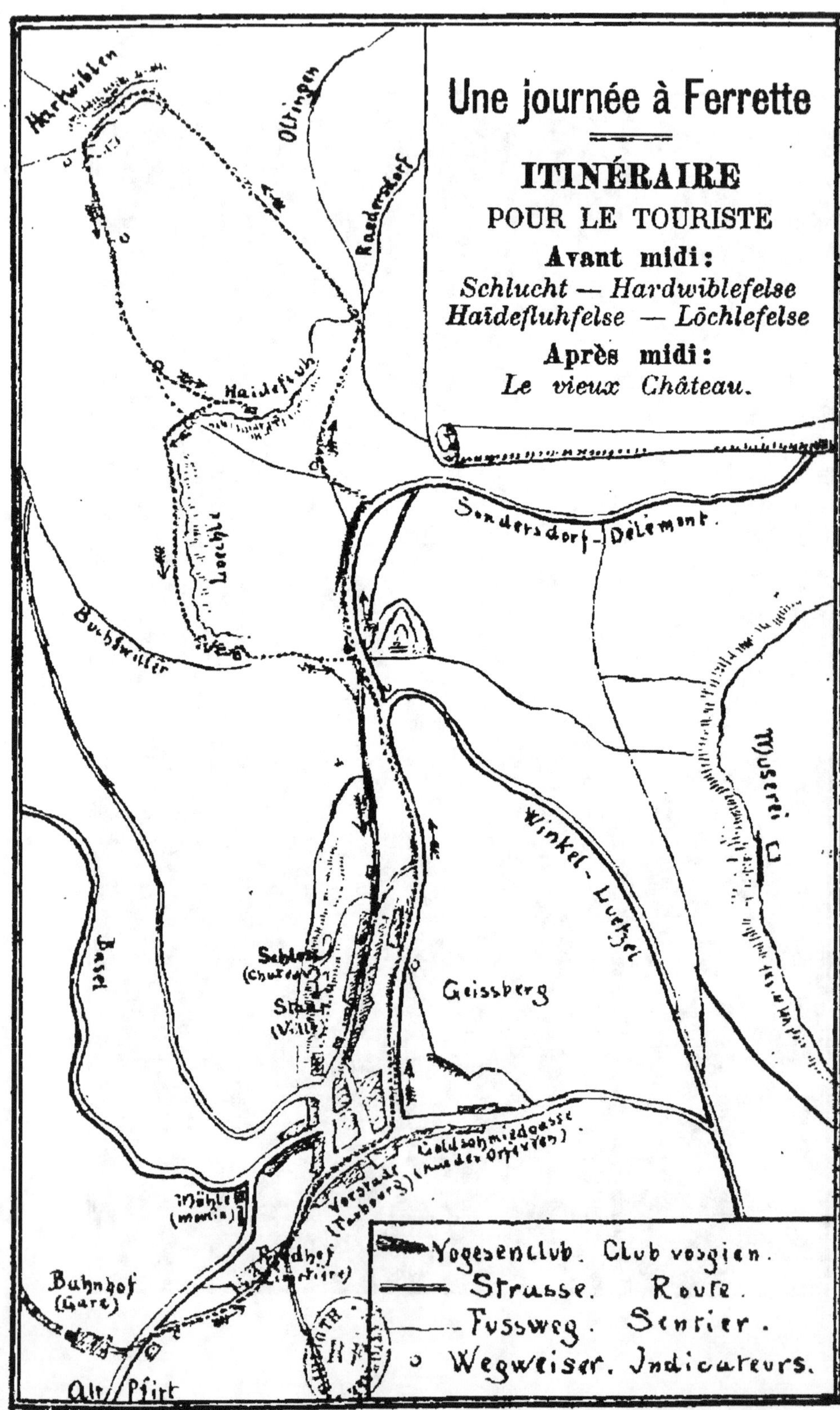

Une journée à Ferrette
ITINÉRAIRE
POUR LE TOURISTE
Avant midi:
Schlucht — Hardwiblefelse
Haïdesluhfelse — Löchlefelse
Après midi:
Le vieux Château.
Hardwiblen
Oltingen
Raederdorf
Haidefluh
Loechle
Buchswiller
Sondersdorf-Delémont
Winkel-Luetzel
Myserei
Basel
Geissberg
Schloss
(Château)
Stadt
(Ville)
Goldschmiedgasse
(rue des Orfèvres)
Vorstadt
(Faubourg)
Mühle
(moulin)
Friedhof
(cimetière)
Bahnhof
(Gare)
Alt. Pfirt
Vogesenclub. Club vosgien.
Strasse. Route.
Fussweg. Sentier.
Wegweiser. Indicateurs.

CHAPITRE I.

Le Chemin de fer d'Altkirch à Ferrette.

Ce chemin de fer tant désiré et attendu avec une certaine impatience, a enfin été inauguré le *4 janvier de l'an de grâce 1892*. On le dit être une voie stratégique ; quoi qu'il en soit, il est établi à voie normale ; il a 1ᵐ435 d'écartement, $3 \frac{1}{3}$ % de pente au maximum et 150 mètres de rayon de courbes au minimum. La vitesse des trains est de 30 km., à l'heure, d'Altkirch à Grenzingen, et de 20 km. de cette station à celle de Ferrette. L'heure locale actuelle, c'est-à-dire celle que nous avons depuis le 1ᵉʳ avril 1892, est en avance de 31 minutes sur l'heure réelle que nous donne le soleil. La gare d'Altkirch est à 277 mètres et celle de Ferrette à 471 mètres au-dessus du niveau de la mer.

Le chemin der fer passe l'Ill à Bettendorf sur un pont en fer, et traverse plusieurs villages de la vallée ; il longe presque continuellement le *Herrewag*, dont il suit les traces jusqu'à Werentzhouse, où il quitte en équerre la vallée de l'Ill pour se diriger à droite sur Ferrette, par le vallon de Lupach.

Bien que parfaitement installé dans un wagon long, large et commode, qui nous permet de circuler à notre aise, comme sur les chemins de fer suisses, nous avons hâte de descendre, car il nous a fallu un temps précieux pour parcourir les 24 kilomètres qui séparent la gare d'Altkirch de celle de Ferrette.

En sortant de la cour de la gare, vous vous trouvez devant l'hôtel nouvellement construit, en face du premier rempart du Jura, montagne couverte d'une vaste forêt de hêtres. A droite vous avez le village de Vieux-Ferrette, à gauche, et à une distance de 800 mètres, la petite ville de Ferrette, dominée par son ancien château, que vous avez déjà dû apercevoir en chemin de fer au débouché du vallon de Lupach.

On arrive en ville par une bonne chaussée à trottoirs. Dirigeons-nous de ce côté, et, pour faire connaissance tout de suite avec la petite cité fer-rettienne, prenons à quelques mètres de la gare, au poteau indicateur du Club Vosgien, une ancienne route du haut de laquelle vous pouvez contempler à votre aise le vieux *Phirretum* et son *castrum*, qui se dresse sur l'immense roche comme un nid d'aigle montrant avec orgueil sur le fond du ciel une grande ouverture à jour dans un pan de mur qui brave la rigueur du temps pour vous dire qu'il est encore le palladium de Ferrette.

Puis entrons en ville.

Après avoir déposé nos valises à l'hôtel et commandé le déjeuner ou le dîner, nous allons faire entre temps une petite promenade à pied, pour nous rendre compte de la situation du pays et des ressources qu'il peut bien offrir.

CHAPITRE II.

Ferrette, Site, Climat, Productions.

Voici d'abord le tableau enchanteur, la belle description du site de Ferrette que nous empruntons à l'*Histoire des Comtes*, écrite et publiée en 1853 par notre ancien compatriote, l'érudit Charles Goutzwiller, d'Altkirch:

„Dans un des coins les plus reculés de l'Alsace supérieure, sur les confins de l'antique Helvétie et non loin des sources de l'Ill, de cette Alsa qui a donné son nom à notre belle province, s'élève la ville de Ferrette surmontée de son vieux manoir féodal. A voir ce groupe modeste de maisons étroitement enserrées dans un pli du Jura, grimpant les flancs de la montagne que domine le château en ruines, l'imagination se figure difficilement que là, sur ce rocher, fut le chef-lieu d'un comté qui embrassa dans ses domaines presque tout le Sundgau. De tous les grands souvenirs qui s'attachent à l'histoire des comtes de Ferrette, il ne reste plus aujourd'hui qu'un nom et une ruine. Encore ce nom et cette ruine semblent-ils, en dehors d'un certain rayon, aussi ignorés du reste de l'Alsace que peuvent l'être Barcelonnette ou Brives-la-Gaillarde.

„Et pourtant, à côté du prestige historique qui plane sur ce point aujourd'hui inaperçu de l'Alsace, à côté de la religion des souvenirs qui parlent au cœur, il y a le prestige du pittoresque qui parle à l'imagination ; il y a la poésie du paysage qui emprunte son charme de cette nature à part des hautes régions où l'œil devine partout un reflet de la nature alpestre, fond du tableau dont Ferrette occupe le premier plan. Paysage grandement accentué, aux lignes sévères et majestueuses, sombre parfois, mais riant aussi, selon les caprices de la puissante palette d'où sont sorties ses nuances.

„Vous qui cherchez le pittoresque dans la partie la plus connue de l'Alsace, dans la plaine ou aux flancs des Vosges, vous qui aimez à lire son histoire sur ces ruines féodales, pages vivantes écrites dans la pierre, il vous reste à faire bonne moisson de jouissances. Il vous reste à recueillir dans votre album de touriste maint site remarquable, mainte ruine imposante. Venez explorer les montagnes de Ferrette. Venez-y au mois de juin ou au mois de septembre. Montez d'abord sur la plate-forme de son château. Malgré les ravages du temps, la main de son propriétaire feu M. Jean Zuber a su tirer un parti remarquable de ses ruines. Par des travaux intelligents et pleins de goût il a su donner la forme et l'agrément d'un jardin anglais à ce sol envahi naguère par les ronces ; il a fait succéder un aspect romantique à un aspect sévère ; les endroits jadis les plus inaccessibles du manoir, il vous les a rendus abordables en y pratiquant des escaliers rustiques. Au milieu des massifs qui l'environnent il a élevé de gracieux châlets où l'élégance de l'habitation moderne fait ressortir le contraste des lourdes constructions du moyen-âge. Sachons-lui gré, toutefois, d'avoir respecté jusque dans leurs moindres débris ces témoins du passé. Il a su en faire revivre la sévère beauté sans en altérer le caractère, se gardant bien de donner dans cette manie de restauration si commune de nos jours et qui n'est qu'un vandalisme déguisé. Ses embellissements ne portent que sur les alentours du château. Le monument lui-même nous reste tel que le temps l'a fait.

„Maintenant que vous êtes commodément établi sur un des points les plus élevés du Haut-Sundgau, promenez vos regards sur l'immense panorama qui se déroule devant vous à perte de vue. Voyez à vos pieds ces riches campagnes, à la végétation puissante, à la nature plantureuse; voyez ces villages échelonnés le long de l'Ill, qui serpente comme un ruban d'argent au milieu de cette masse de verdure, véritable jardin de l'Alsace; voyez cette succession de sites accidentés qui vont se dégradant par les plus délicates nuances jusqu'au pied des Vosges qui étendent au fond du tableau leur gaze d'azur; voyez les anneaux de cette chaîne se prolonger aussi loin que peuvent se porter vos regards et se perdre vers la Basse-Alsace dans les brumes flottantes de l'horizon; à votre droite, dans un bain de vapeur, le Rhin et les montagnes de la Forêt-Noire; devant vous Thann avec sa flèche gothique, à gauche les derniers rameaux des Vosges se perdant vers Belfort. Et si vous êtes favorisé par un temps clair, si l'atmosphère est limpide, vous pourrez braquer votre lunette vers le nord de l'Alsace et vous verrez, à trente lieues de distance, se dresser devant vous la flèche de Strasbourg, et votre âme, se recueillant devant ce beau spectacle, éprouvera cette double jouissance de contempler une des plus sublimes créations de l'homme, au milieu d'un paysage, sublime création de Dieu."

A cette charmante description de notre site il n'y a assurément rien à ajouter.

Les différentes productions du pays ne sont pas moins variées. Le Jura sundgovien en général est connu pour sa richesse et sa fertilité en toutes choses. Les plus épaisses forêts alternent avec les plus beaux pâturages, où l'on élève une race de bétail qui tous les jours semble plus recherchée dans le plaine du Rhin, depuis surtout que l'Administration des Comices agricoles de Mulhouse et d'Altkirch, sous la direction de M. le baron de Reinach, a jeté son dévolu sur notre pays en convertissant les deux fermes de la Neum-Eich et du Kollberg en un vaste pâturage pour l'amélioration et l'élevage du jeune bétail.

Depuis longtemps la réputation est faite à nos produits agricoles; nous ne voulons parler que du lait, du fromage, du beurre, des fruits, et surtout de la viande de boucherie. Nous avons aussi des bois de marine, de construction et de chauffage, des pierres, des tuffeaux et des sables. Tout cela ne demande qu'à être mieux connu pour être plus apprécié.

Par surcroît de chance, l'Administration des chemins de fer d'Alsace-Lorraine, dans sa haute sollicitude pour nos intérêts.... nous a établi la gare du chemin de fer à une distance respectable de notre petite ville: les fumées malsaines de la fournaise diabolique ne montent point jusqu'à nous pour corrompre et dénaturer l'élément le plus précieux que nous possédions, l'air pur et vivifiant de notre Ferrette.

En effet, la ville est à 545 mètres au-dessus du niveau de la mer. La température, très variable au faubourg, se maintient bien dans la ville haute, où la moyenne de l'année et de 9° c. au-dessus de zéro. La ville est entourée de vastes forêts de sapins et de hêtres qui entretiennent une atmosphère pure et bienfaisante. Elle est bien abritée contre la bise et présente en toute saison un séjour agréable, par sa situation confortable et saine. L'hiver même avec ses hautes neiges n'est pas sans agréments, et si sous certains rapports il n'offre pas à chacun des ressources considérables, rassurez-vous... bientôt le premier rayon de soleil va contraindre la cîme du château à se dégarnir de son manteau blanc. Le printemps nous offrira son premier bouquet de perce-neige, et sa jolie messagère, la mésange bleue, par son chant connu, *„Zit isch dô... Zit isch dô...“* annonce déjà le départ de l'hiver. Vous ressentez les bienfaisantes effluves du renouveau, qui vous rappellent délicieusement à la vie. Nous voici enfin en été, l'époque des longues promenades.

CHAPITRE III.

Promenades autour de Ferrette.

S'il est vrai que nous n'ayons pas à Ferrette, comme en Suisse, des glaciers, des lacs, des montagnes grandioses et majestueuses, nous avons du moins des montagnes couvertes de belles forêts, des hauteurs avec une multitude de points de vue étendus et d'une variété tellement grande que le *Pays de Ferrette* peut rivaliser avec beaucoup d'autres dont la réputation est faite depuis longtemps.

Dans ces derniers temps, Ferrette et ses environs se sont un peu modernisés. De magnifiques routes bien entretenues sillonnent la contrée et facilitent considérablement les promenades en voiture. Derrière la ville, entre autres, une nouvelle route, établie dans le ravin de la *Chatzebach* vous mène sur une pente douce et uniforme par le *chemin Hartmann* dans la ville haute.

Ici, le *Club Vosgien, Section du Jura, de Ferrette*, a fait merveille. Sous son intelligente direction, de nombreux sentiers bien tracés, garnis d'indicateurs, relient entre eux les différentes hauteurs naguère encore peu abordables. Les précipices sont entourés de balustrades. De toutes ces stations élevées, choisies avec un soin minutieux, on découvre de ravissants points de vue. On y a construit des bancs, voire même des tables, habilement disposés. Ces sentiers conduisent le promeneur sans fatigue du *Gaïsbarg* à la poétique *Muserei* où jadis, chaque automne, s'exerçait la fructueuse chasse aux mésanges, qui a laissé aux Ferrettiens leur sobriquet de *Maïsclockèr im Gaïschimmel.*

Mésangerie.

De la Muserei vous vous rendez sur la hauteur de Sondersdorf, dont la vue est, sans contredit, une des plus belles de Ferrette. De là, à la lisière de la forêt de sapins du *Stoffelsacker,* par le chemin Zuber, vous allez à la *Gorge des Hardwible.*

Cette partie est une des plus intéressantes de notre site. La masse rocheuse s'est séparée à la suite d'un cataclysme et dresse des deux côtés ses parois gigantesques. Ces lieux sauvages n'étaient jusqu'ici hantés que par les oiseaux de proie; encore aujourd'hui, les éperviers, les hiboux et les corbeaux se partagent à l'envie les excavations des rochers pour y établir en toute sécurité leurs nichées.

A l'entrée de la gorge à gauche vous voyez la fameuse caverne des *Hardwible.* A en croire la tradition populaire elle était habitée autrefois par des nains fort nombreux; ils y avaient des chambrettes taillées dans le cristal de roche, les murs et les meubles étaient d'argent, leur figure était belle, leur yeux brillaient comme des étoiles et leur voix était douce et mélodieuse. Ils jouissaient tous d'une jeunesse éternelle. Ils ne visitaient que les habitations isolées ; toutefois au temps de la moisson ils descendaient de la montagne pour aider les bons cultivateurs à rentrer leurs récoltes ; ceux-ci, de leur côté, partageaient les repas avec eux. Les nains portaient de longs manteaux et des robes traînantes, personne n'avait jamais vu la forme de leur pieds, en marchand ils semblaient ne pas toucher . le sol. Les jeunes filles du pays, intriguées, résolurent un beau jour de surprendre le mystère des nains.

Comme ils sortaient le matin de la grotte pour descendre dans la prairie voisine boire des gouttelettes de rosée et le nectar dans le calice des fleurs, elles semèrent du sable fin devant l'entrée de la caverne. Au lever du soleil les nains sortent à la file, deux à deux, chaque mari tenant sa petite femme par la main ; mais dès que les jeunes filles eurent constaté que les nains laissaient dans le sable des traces de pieds de chèvres et de pattes d'oies, elles ne purent s'empêcher de rire aux éclats ; les nains étonnés et effrayés firent volte-face et rentrèrent prestement dans leur caverne. Depuis ils ne reparurent plus.

On dit que cette même grotte servait de refuge pendant la Terreur à nombre de prêtres non assermentés. Un éboulement intérieur semble en avoir obstrué l'entrée.

A l'autre extrémité de la gorge que vous traversez vous trouvez le sentier qui descend à droite sur Bouxwiller ; mais restons sur le chemin et montons au rocher. C'est un bloc prodigieux, taillé à pic, sans danger pourtant, car il est entouré d'une forte grille en fer. On le nomme *Hardwiblefelse.*

Vous jouissez d'ici d'un coup d'œil ravissant.

Regardez, à vos pieds, le ravin abrupt; un peu au delà, le vallon émaillé de fleurs avec ses trois nappes d'eau tranquille; on les appelle les Trois Étangs; devant vous le *Hinterbarg*, sillonné par le sentier du Club conduisant par les hauteurs à Oltingen. Ce massif peu fertile nous masque, à notre regret, la ville de Bâle. A notre gauche et au premier plan, les ruines de l'ancien monastère de *Lupach* et les méandres capricieux de la rivière, l'Ill, qui rivalisent avec ceux du chemin de fer parcourant les nombreux villages de la vallée. A l'horizon lointain, toujours à gauche, le fort de La Miotte, dont vous apercevez la tour blanche par un temps clair; les Vosges et les cîmes dénudées de leurs ballons, l'immense plaine du Rhin avec le *Kaiserstuhl* au milieu, la chaîne de la Forêt-Noire et le Blauel badois; Istein avec son filet d'argent la Chrischona dominant le pays de Bâle.

A la droite du Hinterberg la vue n'est pas moins belle: Notre-Dame de la Pierre, le village de Metzerlé, au-dessus duquel se dessinent, quand l'atmosphère est limpide, les pures et blanches silhouettes des glaciers de l'Oberland bernois; à côté le Blauel soleurois et la crête du Hauentsein, le château de la Bourg émergeant de la forêt et dominé par le Rœmel; les différentes ramifications des Franches-Montagnes; la pointe du Wisenstein avec son hôtel miroitant au soleil levant.

Au plan plus rapproché, la chaîne du Glasberg, la plus haute montagne de notre pays, et, à ses pieds, la ferme et les ruines de l'ancien château du Blochmont.

Avant de quitter cette place, je ne veux pas oublier, ami lecteur, de vous rappeler les belles descriptions du *Lever du Soleil* de Rousseau et de

Uhland. Elles se trouvent d'ailleurs dans tous les cours de littérature des deux langues. Relisez-les s. v. p. et ne manquez pas de revenir sur ce rocher, mais bien matinalement, pour revoir le tableau alors splendidement illuminé par les feux du soleil levant, et assister au concert admirable que vous donneront en ce moment les chanteurs de nos bois, pendant que la brise vous apportera de tous côtés des nombreuses églises la sonnerie de l'Angelus du matin se répondant l'une à l'autre pour appeler l'homme des champs à son travail. Vous serez largement dédommagé de la peine que vous vous serez donnée en quittant votre lit avant le jour.

En continuant le chemin vous arrivez, toujours à travers forêt, à la *Haïdefluh*, un plateau qui a 630 mètres d'altitude. Les membres du Club Vosgien, qui en ont fait l'aménagement, y viennent chaque année en grand nombre célébrer une fête champêtre connue sous le nom de *Waldfest*. De cette place on jouit d'un double point de vue: celui du côté du Levant, à travers une éclaircie du bois artistement ménagée, donne sur la *Gemper-Fluh* et les châteaux d'*Arlesheim* et de *Landskron*, tandis que celui du Couchant, dominant le château de Ferrette, s'étend sur la plaine d'Alsace et, à gauche, sur les hauteurs de Lucelle et du Morimont.

En descendant par la crète rocheuse des *Junkerwaldfelsen*, particulièrement caractéristiques, vous pouvez gravir la montagne du Château, ou prendre, par la ville haute, la rue du Château pour rejoindre la plate-forme, dont la vue, véritable panorama, décrit ci-devant, est réputée une des plus belles d'Alsace.

Lorsque vous reviendrez du château, regardez à proximité de votre chemin le magnifique châlet suisse de la famille Zuber; c'est un modèle dans son genre. Et si le cœur vous en dit, entrez un moment à l'église, que vous avez sur votre chemin, elle est une des plus vieilles d'Alsace; elle a bientôt 900 ans d'existence. La nef est une bâtisse fort commune, mais le chœur et la chapelle méritent

Junkerwaldfelsen.

de fixer votre attention. Ils remontent à l'âge gothique. On se propose de l'embellir en la restaurant; espérons qu'elle le sera avec goût. Ajoutons que c'est grâce aux soins de M. l'abbé Muller, curé de la paroisse, que les quêtes faites depuis bientôt cinq ans ont produit un capital suffisant pour commencer les travaux.

Nous voici arrivés au faubourg, où nous trouvons entre autres l'hôtel New-York, le rendez-vous des touristes, toujours bien nombreux en été. Cet hôtel, comme comfort et au point de vue de l'art culinaire peut rivaliser avec les meilleurs de la région. Dans les autres restaurants de la ville et du faubourg la cuisine ne laisse absolument rien à désirer. L'hôtel de la Gare, encore en construction, doit avoir, dit-on, une installation tout à fait moderne, pour satisfaire les plus exigeants. Dans la ville haute, au pied du château, se trouve l'hôtel Felseneck avec un vaste jardin.

En dehors des hôtels et des restaurants, les étrangers désirant passer une saison à Ferrette trouveraient à des prix abordables des chambres et des logements garnis dans des maisons particulières.

A proximité du faubourg se trouvent *les bains de Vieux-Ferrette*. L'effet salutaire et bienfaisant de leurs eaux compense l'installation, qui est encore un peu primitive.

Sur le chemin conduisant à ces bains vous trouvez à votre gauche, à la lisière de la forêt, le *Champ du tir*, appartenant à une Société constituée.

La *Musique instrumentale* de Ferrette, sous la conduite de son excellent chef, M. Bingisser, se fait entendre pendant la saison des vacances, alternativement sur la Place de la ville haute et celle du faubourg.

Nous espérons que la Société de lecture, qui existe depuis quelque temps, n'est que le prélude du projet d'établissement d'une *Bibliothèque* avec un *cabinet de lecture*, réclamés depuis longtemps. Hélas! chez nous, comme ailleurs, c'est souvent le nerf de la guerre qui fait défaut.

N'oublions pas une promenade à Lupach qui n'est qu'à 1 $^1/_2$ km. de Ferrette.

De l'ancien couvent il n'existe plus que quelques bâtiments servant de logis à un fermier et un caveau funéraire que l'indifférence du propriétaire et le temps se chargeront de détruire sous peu entièrement. Hâtons-nous de recommander encore une fois cette vieille relique à la bienveillante attention et à la sollicitude de la *Société pour la conservation des Monuments historiques d'Alsace.*

Le lundi de Pâques, 1er avril 1850, un grand nombre de fidèles, accourus des villages voisins, assistait à la translation au cimetière de Bouxwiller des ossements des moines qui avaient été recueillis épars dans les niches défoncées du caveau. Sous l'initiative de M. l'abbé Walz et de M. Valentin Rey, alors maire de la commune, la reconnaisance leur éleva un mausolée.

Le couvent des Franciscains de Lupach fut fondé en 1462. Les Décrets des 13 février et 5 avril 1792 ayant interdit les vœux monastiques et aboli les ordres religieux, les moines furent expulsés de leur couvent dans le courant de l'automne 1792. Un témoin oculaire, un de nos concitoyens, nous raconte comment se fit cette évacuation; elle dépeint l'esprit de l'époque d'une façon saisissante.

C'est, dit-il, avec les yeux pleins de larmes et en chantant le cantique „*Te Deum laudamus....*" que les pauvres vieux abandonnèrent, malheureux, leur retraite trois fois séculaire, pendant que les jeunes moines, dans le cœur desquels le souffle de la révolution avait passé, faisaient cause commune avec l'assistance et quittèrent bras-dessus, bras-dessous leur couvent au cris répétés de „Vive la Nation! Vive la Patrie!"

Le 9 avril 1793 le couvent avec toutes ses dépendances est converti en hôpital militaire, l'année suivante l'abbé Delille vint à Lupach.

Voici comment M. Ernest de Neyremand, dans la *„Petite Gazette d'Alsace"*, publiée au mois de juin 1861, raconte l'arrivée à Lupach du célèbre poëte venant y chercher un abri pendant la Terreur.

„Au moment où Alfieri, revenu de ses illusions républicaines, quittait Paris, la maladie révolutionnaire qui agitait cet immense foyer était déjà fort intense ; elle avait atteint son dernier degré de paroxisme, lorsqu'un autre poëte, Delille, bien plus célèbre alors, était forcé de s'en éloigner : le dégoût avait fait partir le premier; le second fuyait devant la Terreur. — C'était quelques jours après la première fête, célébrée le 20 prairial an II (8 juin 1794), en exécution du fameux décret de la Convention qui, sur la proposition de Robespierre, avait proclamé le dogme de l'Existence de Dieu et de l'immortalité de l'âme. L'art. 9 de ce décret faisait un appel „à tous les talens dignes de servir la cause de l'humanité;" il leur demandait „des hymnes et des chants civiques."

„L'abbé Delille était alors le poëte le plus renommé; à ce titre, il fut invité par Robespierre lui-même, le grand-prêtre de la fête qui se préparait, à concourir à son éclat par quelque brillant tribut de sa muse. Delille détestait et méprisait une révolution qui l'avait ruiné et qui révoltait tous ses sentiments; il ne le dissimulait pas assez. Déjà, certaines imprudences de langage lui avaient fait entrevoir l'échafaud, et, sans l'observation judicieuse d'un homme du peuple que *si l'on tuait tous les poëtes, il n'en resterait plus pour chanter nos victoires,* il y eût sans doute porté sa tête comme tant d'autres célébrités. Il se tint pour averti et quitta furtivement la capitale.

„A son arrivée à Bâle, Delille, qui ne voulait pas s'emprisonner dans une ville, demanda s'il n'y avait pas à proximité quelque asile paisible, pittoresque, bien solitaire, où il pût se livrer aux libres allures de son travail. Quelqu'un sans doute lui vanta

le magnifique pays dont le château de Ferrette forme
la poétique couronne; on lui parla de ruines, de
vieux monastère; on lui exalta enfin le calme dont
jouissaient ces belles contrées au milieu de la tourmente générale: c'en était assez pour enflammer
l'imagination du poëte, pour rassurer l'âme du
proscrit.

„Par un beau jour du mois de septembre 1794
on vit arriver dans l'antique et paisible cité de
Ferrette un petit homme fort laid : — replet, lèvres
charnues, visage grêlé, myopie extrême, — tel est
le signalement peu flatteur que lui donne la tradition. Il ne déguisait du reste ni son nom, ni sa
qualité. On sut bientôt que cet être si disgracié
dans sa forme périssable, était l'abbé Delille, le
chantre célèbre des *Jardins*, l'immortel traducteur
des *Géorgiques:* c'est ce que quelques érudits, qui
avaient étudié pour entrer aux Jésuites, eurent soin
d'apprendre à la population de Ferrette, charmée
de la visite d'un tel hôte.

> Épris de la campagne et l'aimant en poëte,
> Il ne lui demandait qu'un désert pour retraite,
> Pour compagnons des bois, des oiseaux et des fleurs.

„Delille trouva tout cela et mieux encore dans
la contrée qu'il venait visiter; il y rencontra, réunis
et rapprochés, des aspects pittoresques ou grandioses,
des monuments du passé religieux et féodal, tous
les objets enfin propres à flatter son goût passionné
pour la nature ou à impressionner sa vive imagination.

„La première promenade du poëte fut consacrée,
comme on le pense bien, aux ruines du vieux
château, à cette *masse énorme* qu'il devait célébrer
un jour. Il voulut voir ensuite le monastère. Caché

dans les profondeurs d'un vallon entouré de vastes forêts, le couvent de Lupach, à trois kilomètres de Ferrette, avait été occupé par des Franciscains de l'ordre mendiant; la Révolution les avait dispersés. Depuis lors le couvent abandonné avait subi plus d'un outrage du temps: à l'époque où Delille le visita, on y voyait déjà quelques ruines; c'était un attrait de plus pour le poëte. La partie de l'habitation réservée autrefois aux étrangers était seule restée parfaitement intacte.

„En 1793, on avait imaginé d'utiliser ces bâtiments en y établissant un hôpital militaire; on y avait mis un médecin en attendant des malades ou des blessés qui n'arrivèrent jamais. Ce médecin *in partibus* avait fini par se retirer. Il ne restait plus dans l'établissement, lorsque Delille y arriva, qu'un économe et un cuisinier, qui auraient bien pu suivre l'esculape, étant, ainsi que lui, des fonctionnaires de luxe.

„L'économe était un sieur Durthaller, dont le nom nous rappelle un digne et excellent ami. Récemment libéré du service militaire, il conservait sa sinécure dans la crainte d'un rappel sous les armes. Le cuisinier était celui des Franciscains; il était heureux de trouver un asile dans ses anciens foyers.

„Ce personnel sommaire convenait fort à Delille, qui ne recherchait que la solitude. L'ancienne destination de la maison ne suffisait-elle pas d'ailleurs pour plaire au poëte qui avait célébré en si beaux vers, dans son poëme des *Jardins,* le charme qui s'attache aux vieux monastères? Sa détermination fut aussitôt prise; ce lieu solitaire et ses magnifiques alentours offraient à sa verve poétique tous les aliments qu'il pouvait désirer; la frontière n'était d'ailleurs qu'à deux pas; il résolut donc d'établir

Phirretum (Versus septentr.) 1735

1 Ecclesia paroch. — 2 Curia. — 3 Oppidum super. — 4 Oppidum infer. — 5 Castrum.

son séjour au couvent de Lupach; l'économe se chargea de le loger convenablement et l'artiste culinaire de soigner sa table, occupation peu compliquée sans doute. Delille fut installé dans deux chambres modestes, qui survécurent longtemps à la ruine du surplus des bâtiments; il était, à ce moment, âgé de 56 ans.

„Ces dispositions prises, le poëte, libre de tous soucis, lâcha la bride à son génie; il se mit à l'œuvre, c'est-à-dire qu'il commença ses longues promenades : car ce peintre de la nature ne trouvait l'inspiration qu'en face du modèle. Il sortait tous les matins, quelque temps qu'il fît, pour ne rentrer que vers le soir : les belles forêts qui entourent le couvent étaient le but ordinaire de ses excursions ; c'est là qu'il composait avec la même liberté d'allures et la même exubérance de pantomime que s'il était dans la solitude d'un cabinet. Aussi les bons habitants de la campagne, en le voyant gesticuler et se démener, le croyaient possédé du démon, et ne le saluaient qu'avec des signes de croix.

„On montrait encore, il y a quelques années, un vieux hêtre dont le creux profond lui servit plus d'une fois de lieu de repos dans la fatigue ou d'abri durant l'orage.

„Delille rapportait toujours de ses excursions champêtres un riche butin poétique ; mais ces vers dont sa tête était pleine, il fallait les fixer sur le papier; c'était là l'opération difficile à cause de son extrême myopie. A Paris, il avait recours à la main de Mlle Vaudchamps : ici ce secrétaire intelligent lui manquait. Heureusement que l'économe Durthaller, qui avait fait quelques études, maniait la plume correctement, assez vite et assez bien. Ce fut lui qui vint en aide au poëte et qui eut l'insigne honneur chaque soir, durant plusieurs mois, d'écrire sous sa dictée.

„Delille reçut un jour une lettre officielle qui lui apprenait qu'on venait d'organiser un Institut national destiné à réunir les débris épars des quatre académies: on l'invitait à venir reprendre sa place parmi ses anciens confrères de l'Académie française. Déjà plusieurs lettres lui avaient été adressées, mais elles ne lui étaient pas parvenues; on ne sait comment cette fois on était arrivé à découvrir sa retraite. Quoi qu'il en soit, Delille, qui n'avait pas encore pardonné à la Révolution, répondit, sans hésiter, au ministre qui lui annonçait sa nomination: „Je me suis si bien trouvé de mon obscurité et de ma pauvreté durant le règne de la Terreur, que j'y reste attaché ne fût-ce que par reconnaissance; on m'annonce que ce refus pourra m'attirer quelques persécutions; si cela arrive, je dirai comme Rousseau: *Vous persécutez mon ombre.*"

„Ce n'est qu'en 1802 que Delille, après avoir séjourné successivement en Suisse et en Angleterre, „cédant aux vœux de ses nombreux amis et de tout ce qui était digne alors d'un nom en littérature, consentit à revoir Paris et à rendre son poëte à la France."

„Il nous paraît certain que c'est à Lupach qu'il a composé *L'homme des champs.* Ce poëme, dont l'auteur vendit le manuscrit au libraire Levrault, de Strasbourg, parut en 1800; c'est le seul ouvrage qu'il publia pendant son exil, d'où l'on peut conclure qu'il en fut aussi le premier-né: *La Pitié, la traduction de l'Énéide* et *l'Imagination* ne virent le jour qu'en 1803, 1804 et 1806. De plus, *L'homme des champs* porte l'empreinte visible du temps et du lieu de la conception et de la naissance: on y trouve une foule de vers qui sont de véritables certificats d'origine.

„Plus tard et dans un autre poëme, le chantre de *l'Imagination* devait encore célébrer les aspects si poétiques qui avaient laissé une vive impression dans son âme. Les vers suivants, qui se succèdent dans la peinture de leur double objet, sont évidemment dus au souvenir du vieux monastère qui servit d'asile au poëte et du vieux château, son imposant voisin.

Dans le sein ténébreux de ce bois écarté,
Contemplez ces débris d'une abbaye antique,
Monuments oubliés du faste monastique.
Entrons. De ces vieux murs le deuil religieux,
Ce chœur où résonnaient ces cantiques pieux,
Et ces autels sans culte et leurs saints sans oracles,
Jadis chargés de vœux et féconds en miracles,
Et ce lieu de l'offrande où de pieux reclus
Du crime repentant recevaient les tributs,
Tout cet asyle enfin, séjour de pénitence,
D'orgueil, de piété, de savoir, d'ignorance,
Dit plus dans ses débris que ce frais Panthéon,

— — — — — — — — — — — — — — — —

Tantôt d'un vieux château s'offre la masse énorme,
Pompeusement bizarre et noblement informe.
Combien de souvenirs ici sont retracés!
J'aime à voir ces glacis, ces angles, ces fossés,
Ces vestiges épars des sièges, des batailles,
Ces boulets qu'arrêta l'épaisseur des murailles.
J'aime à me rappeler ces fameux différends
Des peuples et des Rois, des vassaux et des grands.

— — — — — — — — — — — — — — — —

Ces spectres, ces lutins rôdant dans les ténèbres,
Vieux récits dont le charme, amusant les hameaux,
Abrège la veillée et suspend les fuseaux.

„Ces beaux vers sont évidemment un tribut payé à une paisible et poétique hospitalité. Lorsqu'en 1795, le bon abbé quitta cette retraite où il avait trouvé *le secret d'un heureux loisir,* un citoyen de Ferrette, le seul alors, nous assure-t-on, qui fût sensible au charme des beaux vers, qui avait étudié pour être Jésuite et que la révolution relégua dans une humble condition, M. Jean-Baptiste Vogelweid, voulut éterniser, autant qu'il était en lui, le souvenir du passage d'un homme illustre ; il fit placer sur la principale porte d'entrée du couvent l'inscription suivante:

Immortali viro Luppaca Delilio.

„Cette inscription n'existe plus depuis longtemps: le vandalisme ou l'ignorance ont fait disparaître ce pieux hommage d'un obscur adorateur des muses.“

C'est après le départ de Delille que le couvent a été acquis de l'État par voie de soumission par un sieur Franck de Mulhouse, qui le revendit à Colomban Chartner, ancien cuisinier et frère laïque du couvent; celui-ci ne pouvant en solder le prix le revendit à un nommé Lebleu, de Belfort, et celui-ci à un sieur Triboné, qui, en 1834, démolit une partie du couvent et l'église dont le chœur, célèbre par sa parfaite acoustique, était placé au-dessus du caveau dont nous avons parlé. En suite des nombreuses dépenses occasionnées par la recherche du fameux trésor de l'ancien couvent, Triboné ne trouva que sa ruine. Il revendit la propriété à M. Desgrandchamps, celui-ci à M. Stackler, et enfin le propriétaire actuel convertit en 1848 le couvent en caserne de douane. Aujourd'hui il est occupé et exploité par un fermier.

Des nombreux documents que nous avons sous la main il résulte qu'au moyen-âge le petit ruisseau de la Lupach était déjà réputé comme très poissonneux et fort peuplé de truites et d'écrevisses, mais le couvent surtout avait acquis au loin et même en pays étrangers un grande réputation par la bonne culture de ses jardins garnis d'espaliers les plus beaux et les plus rares. La magnifique exposition de ses terrasses et les soins intelligents donnés aux arbres fruitiers valurent aux moines des fruits extraordinaires par leur grosseur et leur qualité. Encore aujourd'hui les arbres fruitiers venant de Lupach sont les plus estimés.

A 5 km. de Lupach, sur la route d'Altkirch, se trouve le village de Feldbach, dont l'église paroissiale est, après celle de Ferrette, la plus vieille du pays. Elle mérite d'être visitée. C'est la seule partie qui existe encore de l'ancien prieuré des Bénédictins fondé en 1144 par Frédéric comte de Ferrette, son épouse Stéphanie et son fils Louis. Elle fut abandonnée en 1661 aux Jésuites d'Ensisheim, qui la conservèrent jusqu'à la Révolution. Cette église, dans laquelle sont enterrés treize comtes de Ferrette, est revenue à la commune en 1801 lors du rétablissement du culte. Elle est de style roman, et, quoique très simple, un des monuments les plus intéressants du Haut-Sundgau. Elle formait à l'origine une basilique à trois nefs, avec autant d'absides à demi-cercle. L'abside du milieu existe encore, ses piliers en colonnes portent des chapiteaux ornementés d'une manière différente. Pendant la tourmente révolutionnaire de 1793 les tombes des comtes et des comtesses de Ferrette ont été violées et les cendres jetées au vent. La caveau funéraire n'existe plus ; c'est à peine si l'on trouve encore épars quelques pierres tombales avec leurs inscriptions à peine lisibles.

CHAPITRE IV.

Le Château de Ferrette.

Laissons à la science historique le soin de retracer l'état primitif et les temps qui ont précédé les commencements de la civilisation dans le Haut-Sundgau. Disons seulement que les *Rauraques* occupaient notre petit territoire à l'arrivée des Romains. La nécessité et aussi la situation stratégique de Ferrette engagèrent César en l'An 59 (avant J.-C.) à établir au milieu de cette tribu turbulente et au point culminant du rocher un poste permanent confié, dit-on, à une partie de la *Legio Ferrata*, qui semble nous avoir légué son nom.

A cette époque la Rauracie, qui plus tard forma le Haut-Sundgau, avait pour limites : la frontière suisse actuelle et une ligne partant de Lucelle et se dirigeant par Feldbach, Muespach, Blotzheim, Hagenthal, sur le Blauenberg.

Notre petit pays montagneux était alors couvert d'un grand nombre de forêts, dépourvu de chemins et par suite de communications.

L'an 58 (avant J.-C.), après la grande bataille entre Arioviste et César, celui-ci contraignit les Rauraques qui avaient pris part à la lutte à retourner dans leur pays. La population se trouvait alors réduite à 7400 habitants.

Nous savons que les Rauraques étaient grands, forts, de caractère turbulent et batailleur, grossiers dans leurs mœurs, mais laborieux, honnêtes et surtout fort religieux. Dans les premières années du Christianisme, les successeurs des apôtres les visitèrent et les convertirent. Ce sentiment religieux n'a pas dû peu contribuer à faciliter aux pieux comtes de Ferrette, au dixième siècle, lors de la formation du régime féodal, leur établissement au milieu de cette population guerrière et fière de son indépendance. Nous savons que plus tard, contrairement à ce qui se passait dans plusieurs localités d'Alsace, la Réforme ne fit pas un seul prosélyte dans le pays.

Les trois dynasties de Ferrette

Comtes	Habsbourg	Mazarins
1032—1324	1324—1648	1648—1789

Pendant les périodes celtique et romaine, la monarchie des Francs et celle des empereurs d'Allemagne, dont l'autorité semble avoir été plus que fictive, l'histoire du pays de Ferrette demeure fort obscure.

Au démembrement de l'ancien royaume de la Bourgogne transjurane, Fréderic IV de Montbéliard, souche de la maison de Ferrette, fonda ou restaura, dit-on, le château, bâti sur l'emplacement d'une ancienne tour d'observation romaine qui avec le pays lui était échue en partage en l'année 1032.

Retenons bien que les comtes se regardaient

toujours comme indépendants. Il n'existe, dit Qui-querez, aucun acte constatant une vassalité quelconque; ils jouissaient de toutes les prérogatives des souverains et faisaient avec leurs gens la guerre dans leur propre intérêt et pour leur compte, sans s'occuper nullement de la puissance impériale, ils battaient monnaie et s'intitulaient „Comte par la grâce de Dieu".

La puissante famille des comtes de Ferrette s'éteignit par la mort d'Ulrich II le 10 mars 1324. Le 26 du même mois, sa fille, la celèbre *Jeanne de Ferrette,* épouse l'archiduc d'Autriche, comte de Habsbourg, Albert II, dit le Sage. Par ce mariage le comté, fief de l'évêché de Bâle depuis le 15 janvier 1271, passe dans les mains de la maison d'Autriche, qui le fait administrer par des baillis.

A l'apogée de leur puissance, l'autorité des comtes de Ferrette s'étendait aussi loin que leur œil pouvait embrasser de pays du haut de leur manoir, et comprenait les baillages d'Altkirch, de Thann, Belfort, Delle, Délémont, Rougemont, Landser, Massevaux et Cernay.

Sigismond, duc d'Autriche, embellit le château, et, par un traité conclu à Saint-Omer le 2 mai 1469, engagea le pays à Charles, duc de Bourgogne; mais le 6 avril 1474 le dégagea avec le concours des villes d'Alsace. Ce fut là l'origine de la guerre de Bourgogne.

Vers l'année 1500 l'empereur Maximilien Ier fait agrandir par des constructions importantes le château, dans lequel on remarque la chapelle Sainte-Catherine avec un caveau et un puits taillé dans le roc d'une profondeur de 115 toises.

En 1504 Maximilien, à court d'argent, engage le comté à Marc Reich de Reichenstein. Fréderic Ier,

Le Château au quinzième siècle.

son successeur, le rachète, et, plus tard, toujours faute d'écus, l'engage à son tour au comte Jean-Jacques de Fugger. Celui-ci, ingénieur et artiste à la fois, dépense de fortes sommes d'argent pour embellir et consolider le château et le mettre à même de résister au canon.

Enfin, par le traité de Westphalie, conclu à Munster le 24 Octobre 1648 (art. 74), le comté de Ferrette est incorporé à la France.

En récompense de services rendus, Louis XIV, par lettres patentes du 17 Janvier 1659, donne au cardinal de Mazarin toutes les possessions de la Haute-Alsace ayant appartenu aux archiducs d'Autriche. Le château et ses dépendances restèrent jusque vers la fin du dix-septième siècle la possession des héritiers de Mazarin, représentés en dernier lieu par les princes de Monaco.

Les 23 et 24 Juillet 1789, le château, abandonné, fut saccagé par la populace en révolte. On dit que peu après Antoine Vogelweid acquit la montagne nue et dégarnie avec le château ruiné de M. Gérard, dernier bailli de Ferrette, qui devait en être en possession depuis nombre d'années, du chef des héritiers Mazarin. Vogelweid, selon l'esprit du temps, acheva de démolir ce qui lors du sac avait été laissé debout. Pour faire des écus, il revendit sous main les différents matériaux de construction, charpente, menuiserie, fers et autres objets. Suivant actes notariés en date du 13 septembre 1836 et du 4 septembre 1838, il revendit la propriété telle quelle à M. Jean Zuber, de Rixheim, dont la famille est encore en possession aujourdhui.

Après cet aperçu historique, nous ne pouvons nous empêcher de présenter au lecteur la description du château et de ses ruines, que notre ami.

L. Hartman, professeur agrégé au lycée de Nancy, a fait dans le *Passe-Temps d'Alsace-Lorraine* (numéro 12, 1891). Sa relation offrira certainement beaucoup d'intérêt.

La voici:

„Si vous voulez bien me suivre, cher lecteur, nous monterons sur le massif qui porte les vestiges de l'ancienne demeure des comtes de Ferrette.

„En sortant de la ville par la porte sud, nous tournons immédiatement à gauche. Passons d'abord sous la vieille porte cintrée qui est pratiquée dans l'ancienne enceinte, juste en face du roc où perchait la tour la plus élevée. C'était là l'entrée principale. Elle était fermée autrefois par une herse dont il reste encore quelques traces. Sous cette voûte passaient autrefois les hommes d'armes, qui, conduits par les vassaux du comte, formaient en cas de guerre les défenseurs de la forteresse. Armés de lances, de sabres, munis d'arcs et de flèches, plus tard d'arbalètes et d'arquebuses, ces soldats gravissaient au pas de course le chemin encore pavé en partie qui est devant nous et qui les conduisait dans l'enceinte du château. Des chariots chargés de victuailles pour les assiégés, d'avoine de foin et de paille pour les chevaux suivaient, péniblement traînés par des bœufs. En dernier lieu venaient des paysans, hommes, femmes et enfants, qui, effarouchés à la proclamation du ban, cherchaient un refuge dans la forteresse. Mais le gouverneur de la place avait donné des ordres à la sentinelle. Impitoyablement celle-ci repousse tous ces manants qui seraient autant de bouches inutiles.

„Aujourd'hui ce chemin n'est plus fréquenté que par quelques curieux, par quelques fidèles amateurs des choses du moyen-âge qui profitent de

leur passage dans le pays pour faire l'ascension de
ces ruines célèbres.

„Nous voici dans l'enceinte du château. Elle
occupe une surface de près d'un demi-hectare. Du
côté sud et du côté ouest elle est flanquée de quatre
tours. Autrefois ces murs étaient surmontés de cré-
neaux derrière lesquels les gens de la garnison
trouvaient un abri sûr. De distance en distance des
mâchicoulis permettaient aux assiégés d'inonder les
assaillants de poix et d'huile bouillantes, de plomb

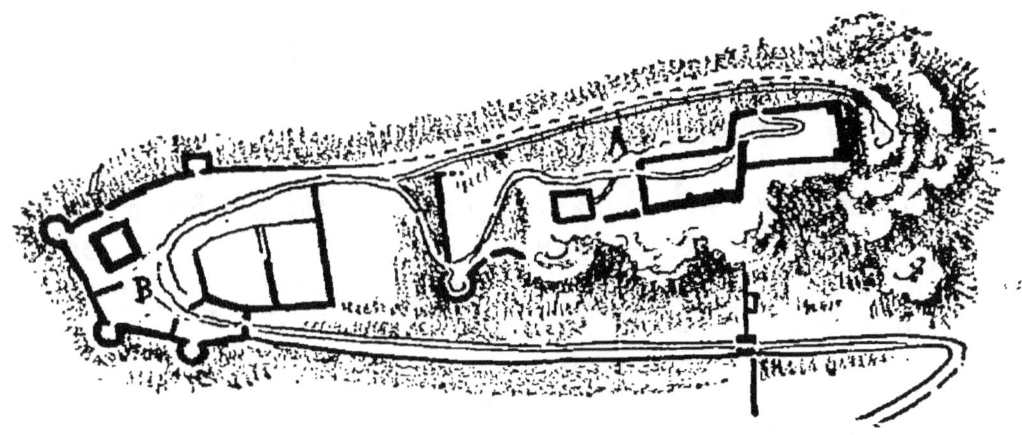

A *Château primitif,* B *Partie nouvelle.*

fondu. Toutes ces murailles étaient percées, aux
endroits convenables, d'archères ou de meurtrières
d'où l'on lançait sur l'ennemi des flèches. Au sei-
zième siècle ces ouvertures, comme il a été dit,
furent agrandies pour livrer passage aux arquebuses
et aux canons.

„Dans l'intérieur de cette enceinte se trouvaient
les casernes pour loger les hommes, les écuries
pour les chevaux, les remises pour le matériel de
guerre et les provisons du siège. Une chapelle, parfaitement reconnaissable, dont le chœur était tourné

du côté de l'Orient, suivant un antique usage, servait aux besoins du culte.

„Ces constructions, qui occupaient le premier plan, étaient dominées par le château proprement dit, solidement bâti sur une roche siliceuse d'une étendue respectable et d'une hauteur énorme. Les pans de murs démantelés, déchiquetés, à moitié écroulés, percés de grandes ouvertures, attestent bien l'usage de cette partie de la forteresse. C'était la tour d'observation, d'où l'on guettait l'approche de l'ennemi et d'où on le découvrait à temps, de quelque côté qu'il vînt. De cette hauteur, accessible encore par un escalier en bois qu'on y a installé, et qui conduit à une solide plate-forme en planches, le spectateur peut plonger son regard dans toute la contrée environnante. Par un temps favorable on y jouit d'une vue admirable sur la vallée de l'Ill, celle du Rhin, les Vosges. Avec une bonne longue-vue on lit les moindres détails du ballon de Guebwiller, du Rossberg, du ballon d'Alsace. La Forêt-Noire se découvre à nos regards depuis Leopoldshöhe jusqu'au Kaiserstuhl. Enfin, si l'on sait choisir un jour où l'atmosphère est bien transparente, l'on aperçoit dans la direction du sud-est les pyramides cristallines des glaciers de l'Oberland : le Mönch, l'Eiger, la Jungfrau daignent alors nous laisser voir leurs pointes aiguës qui semblent percer la voûte azurée du ciel.

„Descendons de la plate-forme et allons visiter les restes des appartements seigneuriaux, au pied de la tour. Le sol en est encore pavé de larges briques; les murs recouverts de leur crépis nous montrent encore les trous où étaient encastrées les poutres du plafond; voyez aussi une cheminée assez bien conservée.

„Un peu plus loin se trouve un puits, taillé dans le roc et qui avait 150 toises de profondeur. Cette énorme cavité est presque bouchée actuellement jusqu'au niveau du sol. Chaque touriste a cru bien faire en y jetant sa pierre. Les intempéries de l'air ont fait le reste. Ce puits est encore recouvert d'une voûte en briques sous laquelle était installé le treuil qui servait à monter l'eau dans des seaux de taille. Malheureusement elle se désagrège de jour en jour davantage et le moment n'est pas éloigné où elle s'effondrera pour combler totalement le puits.

„En présence de ces ruines si solitaires, envahies par la végétation d'arbres forestiers de toutes sortes, de pins rabougris qui vont se jucher jusque sur les murs, qui cependant ne peuvent leur offrir qu'une maigre nourriture; en face de ce silence de nécropole, qui n'est troublé que par le cri de quelque chouette qui a élu domicile dans le trou d'une muraille; devant cette absence de mouvement humain, qui serait tout à fait nul sans la famille nombreuse du brave garde dont la loge s'élève en ces lieux de dévastation, ces vers de Matthisson me viennent involontairement à l'esprit.

«Trauernd denk' ich was vor grauen Jahren
Diese morschen Ueberreste waren :
Ein bethürmtes Schloss voll Majestät
Auf des Berges Felsenstirn erhöht!»

«Attristé, je songe à ce que, dans leur passé lointain — Furent ces frêles vestiges. — Un château flanqué de tours, plein de majesté — Élevé sur la cime rocheuse de la montagne!»

„Ces ruines proviennent du manoir d'une puissante et redoutable famille, qui avait l'autorité et les prérogatives de la souveraineté, d'une race de seigneurs qui pendant le onzième et le douzième siècle dominaient dans le Sundgau, lequel alors occupait presque tout le territoire de la Haute-Alsace; de suzerains qui avaient de nombreux vassaux sous leurs ordres; de vaillants guerriers qui ne craignaient pas de se mesurer avec les plus audacieux adversaires.

„Cet édifice, outre les dispositions militaires, dont nous avons dit un mot, renfermait les appartements de la famille noble. La salle d'armes, avec ses boiseries sculptées, avait l'aspect d'un arsenal. Aux murs étaient pendues les armures des ancêtres; des heaumes, des cuirasses, des brassards, des cuissards, des genouillères, des jambières, des souliers de fer avec leurs éperons, des hauberts, etc.; quelques trophées provenant du butin fait sur quelque vaillant rival; des lances, des arbalètes, des boucliers, des dagues et des épées. La salle d'honneur était meublée simplement de tables, de bancs, d'escabelles en bois de chêne. C'est là que la châtelaine recevait le troubadour qui venait chanter devant la famille réunie les exploits de quelque héros célèbre, ou le pèlerin venant faire au manoir le récit de ses longues et périlleuses pérégrinations et présenter à la dame, en même temps que ses hommages, quelque souvenir, un objet de piété, rapporté des lieux saints qu'il avait visités. C'est dans cette salle aussi que le pieux chapelain présidait à la prière en commun et lisait la légende des saints particulièrement honorés.

„Là aussi se donnaient des festins plus abondants que somptueux, aux jours où l'on célébrait une victoire chèrement acquise, un assaut vaillamment repoussé, le retour d'une expédition où le seigneur et ses gens s'étaient battus comme des lions. Ces repas débutaient toujours par la bouillie de blé ou de millet, la bouillie au miel ou encore la soupe à la moutarde, au chenevis ou au vin. — Puis l'on servait des quartiers de chevreuil, de sanglier ou de cerf, rôtis à la broche. On terminait par les épices que l'on offrait en guise de dessert. En ce moment résonnaient les coupes remplies d'un vin généreux que l'on vidait à la santé du héros de la fête.

„Au milieu de la table se dressait toujours un pâté aux dimensions colossales. On le découpait solennellement, vers la fin du repas, et il en sortait, comme surprise, un oiseau vivant, un chevalier avec son armure ou une danseuse légère.

„Nous parlons du moyen-âge proprement dit, car après les croisades, il se fit une transformation radicale dans le costume, l'ameublement et le service de la table. Cet âge, les seigneurs de Ferrette ne le connurent presque point, leur race s'étant éteinte en 1324.

„Simples également étaient les chambres à coucher. Nos rudes seigneurs, même les nobles dames, couchaient dans les lits étroits, remplis de paille.

„Des coffres de bois leur servaient d'armoires pour y serrer les vêtements et les objets de luxe.

„En ces siècles de foi robuste, la chapelle était souvent le lieu de pieuses réunions et de touchantes cérémonies.

„Le fils du châtelain avait-il atteint sa vingt-et-unième année, on l'armait chevalier. Il se préparait à cet acte solennel qui lui ouvrait les rangs de la grande confrérie militaire, par une veille passée dans le lieu saint, en prières, en compagnie de ses parrains et de ses marraines. Après la confession et la communion, armé de pied en cap, le seigneur désigné à cet effet lui donnait l'accolade, lui frappait sur l'épaule du plat de son épée en lui disant: Au nom de saint Georges, je t'arme chevalier. Sois preux, hardi et loyal.

„Là aussi les jeunes époux prononçaient devant les autels le oui matrimonial, entourés de nombreuses familles amies, accourues au château pour prendre part à la fête. Un dignitaire ecclésiastique, évêque ou abbé mitré, bénissait le jeune couple et lui faisait les exhortations d'usage.

„C'est encore dans la chapelle du château que l'on célébrait les cérémonies funèbres en cas de décès d'un membre de la famille: du seigneur, dont la réputation de bravoure s'étendait au loin; de la dame, dont l'esprit de charité, la piété, les solides vertus n'étaient pas moins notoires; d'un enfant, garçon ou fille, l'espoir des parents, moissonné à la fleur de l'âge au moment où il donnait les plus belles espérances. Après la cérémonie, le corps du défunt était porté au milieu d'une longue procession de moines et de religieuses dans quelque couvent qui avait été l'objet de sa générosité. On descendait le corps dans un caveau de famille, en le confiant à la garde des habitants du lieu et en le recommandant à leurs prières.

„Que reste-t-il aujourd'hui du château? Que reste-t-il de ses anciens habitants! Des ruines! Des cendres!

«So vergehen des Lebens Herrlichkeiten
So entfleucht das Traumbild eitler Macht
So versinkt im schnellen Lauf der Zeiten,
Was die Erde trägt, in öde Nacht.»

«Ainsi passent les splendeurs de la vie. — Ainsi s'enfuit la chimère d'une vaine puissance! — Ainsi disparaît avec le cours rapide des temps — Ce que porte la terre, et s'enfonce dans la nuit du silence. —»

CHAPITRE V.

Ferrette à travers les âges.

(HISTOIRE ET TRADITION.)

Après avoir parlé du château et des comtes de Ferrette, disons maintenant quelques mots de la ville et de ses habitants. Pendant tout le cours du moyen-âge et des temps modernes, l'histoire confond la dénomination de Ferrettien et de Sundgovien, qui avaient pour ancêtres les Rauraques, que nous avons mentionnés tout à l'heure.

En l'année 1040, aux flancs du château, et sous sa protection, des maisons s'accrochèrent ; bientôt un village, puis une bourgade, et enfin une petite ville s'édifièrent, qu'il fallut mettre à l'abri d'un coup de main. Vers l'année 1190, elle fut entourée d'un mur et directement reliée aux fortifications du château.

Dès l'année 1048 Frédéric fils de Thierry Ier avait construit l'église et fondé en 1050 un *prieuré* de chanoines réguliers de Saint-Augustin, dont les premiers moines vinrent de l'hospice du mont Saint-Bernard. De là nous est venue notre fête patronale, la *Saint-Bernard* de Menton, célébrée le 15 juin de chaque année. Plus tard le prieuré et l'église furent entourés d'un mur ; on dit qu'une galerie souterraine surmontée d'un passage couvert reliait celle-ci au couvent, dont elle formait le sanctuaire. Les deux édifices dépendaient de l'abbaye de Lucelle ; les moines qui y demeuraient desservaient les paroisses de Ferrette, Vieux-Ferrette et de Rædersdorf. Le décret de 1793 ferma l'église et déclara le prieuré propriété de l'Etat.

Le 7 thermidor an VIII (26 juillet 1800), l'église fut rendue au culte et donnée à la ville. Quelques temps après, un Ferrettien peu délicat, chargé de

Le Prieuré au onzième siècle.

racheter le prieuré au nom de la paroisse, s'en rendit acquéreur et le garda pour son propre compte, ce qui obligea les Ferrettiens à construire le presbytère actuel.

Lors de la fondation de la ville, des privilèges furent conférés aux habitants. Dès 1208, Frédéric II dota la ville du régime municipal. Une série de droits, libertés, franchises, grâces, us et coutumes, furent, dans la suite, par des chartes communales, établis sous forme de lois, considérablement augmentés et confirmés d'abord par les comtes, ensuite par les empereurs d'Allemagne et la famille de Mazarin au nom du roi, sans néanmoins rompre le lien du *Summum imperium* qui revenait à ceux-ci.

Cet ensemble de règlements administratifs, judiciaires, somptuaires, connu sous le nom de *Coutumes de Ferrette,* est transcrit dans le fameux *Buch*, et forme le droit local, non seulement des Ferrettiens, mais encore, comme nous le dit Ed. Bonvalot, il était considéré en raison de sa haute antiquité et de sa perfection relative comme l'expression du droit d'une grande partie de l'Alsace et de la frontière suisse. On en trouve encore aujourd'hui des vestiges.

Grâce à notre compatriote Desgrandchamps, le *Buch*, le plus précieux document d'Alsace, est aujourdhui déposé à la bibliothèque de Colmar.

De bonne heúre, Ferrette avait encore le *Livre Rouge,* ou registre des décisions du sénat de la ville, plusieurs fois mentionné dans le *Buch*. Le premier règlement inscrit porte la date du jour de la Sainte-Agnès.... 1373.

A Ferrette le magistrat municipal était élu par la bourgeoisie, qui comprenait les gens libres et les artisans. Ils étaient tous exempts d'impôts, avaient le monopole du sel et du fer, le droit de pâturage pour gros et petit bétail, de glandée pour les porcs dans toute l'étendue de la seigneurie, et le débit exclusif du vin, du pain et de la viande.

Pour entretenir les ressources de la ville et subvenir à la construction et à l'entretien des enceintes murées, il y avait un marché hebdomadaire, avec quatre foires annuelles, qui se tenaient sur la place de la ville haute, et plus tard en dehors de la porte sud, les lundis de Pâques, de la Pentecôte, de la Nativité, et de la Saint-Nicolas. Celle-ci fut la plus importante. Les sujets du comté devaient conduire à ces foires et marchés leur légumes, grains, bestiaux et volailles; il ne devaient les acheter et les vendre que là, sous peine d'amende et de confiscation. Les marchands et merciers étrangers étaient écartés du marché hebdomadaire, leur déballage n'était permis que les jours de foire. Le colportage était rigoureusement défendu. Il y avait encore un Kaufhaus pour les marchands forains, et une halle couverte pour les grains. Les cinq villages limitrophes étaient tenus de fournir chaque année les bois nécessaires aux constructions et au chauffage des bourgeois.

Pendant les luttes sanglantes du moyen-âge, nous dit Schœpflin, les bourgeois de Ferrette, réputés par leur bravoure et leur courage, combattirent constamment aux côtés de leur seigneurs. Ils étaient tous bien armés, et en suite de nombreuses aggressions, avaient une grande habitude des armes; leur *étendard* était célèbre et connu au loin; ils était confié à un officier spécial, le *Banneret*; celui-ci devait être présenté par le comte, choisi parmi les plus vaillants et élu par le collège des bourgeois. Malgré toutes ces qualités, il devait encore prêter serment. Voici, d'après le *Livre Rouge de Ferrette*, l'allocution qui était adressée au banneret et le serment qu'il prononçait lors de son entrée en fonctions:

„X..., comme c'est votre désir et votre vœu „de porter la bannière, vous saurez que vous devez „à ce titre tôt au tard, — quand il arrive que, „pour le défense du pays et de ses habitants la „grande bannière de la seigneurie de Ferrette doit „marcher contre l'ennemi à la tête des sujets, —

„y sacrifier votre corps et votre vie. Si l'ennemi
„vous coupe la main droite, qui tient la bannière,
„vous la saisirez avec la main gauche; si l'ennemi
„vous coupe la main gauche vous la saisirez avec
„votre bouche, et vous marcherez ainsi à l'ennemi.
„Tant que vous serez en vie, et tant que vous
„aurez un souffle, vous ne l'abandonnerez pas. Vous
„veillerez sur votre bannière avec autant de solli-
„citude qu'en a eue le disciple bien-aimé, lorsque
„Jésus-Christ, Notre Seigneur, lui eut recommandé
„sa chère et digne mère Marie.

Là dessus X... répond, que si tels n'avaient pas
été ses sentiments, il n'aurait pas sollicité cet
honneur. Alors il jure, les doigts levés, *„d'y laisser
corps et vie, de ne pas s'en séparer tant qu'il vit et le
peut, de la garder jour et nuit, et de la rapporter."*

On peut juger par ce document de la vigueur
avec laquelle la guerre était menée.

Les bourgeois de Ferrette, à l'abri de leurs murs
et sous le couvert du château, alors réputé impre-
nable, purent narguer impunément, au mois de
décembre 1375, les *Compagnies Anglaises* du fameux
sire Enguerrand de Coucy.

La tradition rapporte un fait que l'histoire, il
est vrai, ne corrobore pas, mais il est tellement
caractéristique que je ne puis le passer sous silence:

Un fort détachement des *Grandes Compagnies*
se présente subitement devant Ferrette, dans l'espoir
de se ravitailler, car Léopold III, pour les réduire,
avait à leur approche fait dévaster le pays, qui
était converti en désert. A la vue du château et
de ses formidables ouvrages de défense, ils se con-
tentent de l'investir, pour contraindre par la famine
les Ferrettiens à se rendre. Ceux-ci, de leur côté,
se défendent vigoureusement, ne cessent de les

harceler nuit et jour. Pour les narguer ils roulent du haut de leurs tours, aux ennemis affamés, et alternativement, de grosses miches de pain et des quartiers de rocher, avec accompagnement de tout le répertoire d'insultes les plus grossières. Mais bientôt les Ferrettiens sont eux-mêmes réduits à la dernière extrémité. La détresse leur suggère un stratagème qui les sauve:

Ils donnent le dernier boisseau de blé à manger à la seule vache qui leur reste, et expédient celle-ci à l'ennemi, toujours avec accompagnement des mêmes compliments. L'animal, reçu avec joie, fut en un clin-d'œil dépecé; les Anglais y trouvent..... Grand Dieu...? un estomac plein de blé!! Découragés, ils lèvent le siége et f.. le c... à la grande jubilation de la gente de Ferrette.

Le 9 juillet 1386, le grande bannière de Ferrette resta sur le champ de bataille de *Sempach*, sous un monceau de Ferrettiens, morts avec l'archiduc Léopold IV, fils de la célèbre Jeanne de Ferrette.

Au mois d'août 1444, les Ferrettiens, ayant fourni des denrées aux Armagnacs, sous la conduite du dauphin de France (depuis Louis XI), eurent pour ce fait, après la victoire de *Saint-Jacques*, maille à partir avec les Bâlois. Le 13 août 1445, ceux-ci vinrent en grand nombre tenter le siège de Ferrette; la réception énergique et la défense vigoureuse les engagèrent à se retirer dès le troisième jour. Après avoir endommagé quelque peu la ville ils brûlèrent entièrement le faubourg de Ferrette, ainsi que le village de Vieux-Ferrette, vidés à leur approche; toutefois la vieille église, ainsi que le prieuré occupé par deux moines de Lucelle, obtinrent grâce et furent épargnés.

Une des époques les plus désastreuses pour les

Porte supérieure — Tour des Bourgeois — Entrée du château
(avant 1632)

Ferrettiens et leurs gens est sans contredit l'année
1474 : Etienne de Hagenbach obtint de Charles-le-
Téméraire la faveur de venger son frère, le sinistre
Pierre, grand-bailli du pays, qui venait d'être déca-
pité à Brisach. Etienne fait irruption dans le Haut-
Sundgau, qui avait toujours refusé de reconnaître
l'autorité du nouveau maître, Charles-le-Téméraire.
Le 15 août 1474, les Bourguignons attaquent les
Sundgoviens aux environs *d'Oberlarg*. Ceux-ci, pendant l'action, sont débordés par la nombreuse cava-
lerie ennemie et soutiennent une lutte à mort.
L'histoire nous rapporte que dans ce combat sanglant
quatre-vingt-dix Ferrettiens perdirent la vie; mais
l'Alsace entière, à la vue du danger, accourt en
armes. Les villes de Strasbourg et de Bâle, entre
autres, envoient deux mille hommes bien armés;
pendant ce temps les Bourguignons, toujours
harcelés par les Sundgoviens, sont enfin repoussés
et battus par les alliés réunis à Héricourt, le 28
octobre 1474.

Les Bourguignons dirigent alors leurs armes
contre la Suisse, où Charles était venu en personne
se mettre à la tête de ses troupes. Il est battu une
première fois à Granson et, le 22 juin 1476, la
bataille est décisive à *Morat*, où, d'après Quiquerez,
les Ferrettiens, accourus à l'appel des Soleurois,
prennent une terrible revanche sur le massacre
d'Oberlarg. On les accuse d'avoir été les plus
acharnés dans la poursuite et les plus cruels dans
la vengeance qu'ils exercèrent sans pitié sur les
Bourguignons en déroute.

Pendant la *Guerre de trente ans*, une des plus
sombres époques de l'histoire d'Alsace, les Sundgoviens,
quoique mal armés et sans discipline, défendent
vaillamment le sol de la patrie envahi par un ennemi

aguerri et fortement armé. Dans toutes les rencontres le bâton noueux et la serpette du Sundgovien restèrent malheureusement impuissants. C'est ainsi qu'au mois de novembre 1632, le rhingrave Othon-Louis, qui avait le commandement de l'armée suédoise depuis la mort de Gustave-Adolphe, vint assiéger Ferrette; il prit d'assaut la ville et le château, vigoureusement défendus par les bourgeois soutenus par les Autrichiens.

Quelque temps après, les Suédois se laissèrent surprendre par les Sundgoviens, qui massacrèrent la garnison, et précipitèrent du haut du donjon le plus élevé le commandant d'Erlach et ses officiers.

Au mois de mai 1633, l'armée suédoise revint en nombre à la charge; les représailles furent terribles; plus de 2000 de nos paysans perdirent la vie. L'artillerie suédoise attaqua la ville, qui fut en partie incendiée; la porte sud, la tour des bourgeois furent détruits, le château supérieur et ses ouvrages de défense bombardés, furent repris et démolis de fond en comble. Depuis ce jour funeste, les différentes parties de nos fortifications ne se relevèrent plus de leurs ruines; la ville resta fermée au sud par une simple porte, dont les deux piliers, surmontés des armes de Ferrette, existent encore aujourdhui.

Le château inférieur beaucoup moins endommagé, fut remis en état lors de la prise de possession par le cardinal de Mazarin.

A la faveur d'une longue paix, la ville incendiée se releva, et le faubourg, tel qu'il est aujourdhui, se construisit rapidement.

L'hôtel de la Tête-d'Or, aujourd'hui hôtel New-York, commencé avant la Révolution, fut achevé à l'époque du premier Empire par le sieur Schwindenhammer, qui plus tard se retira à Paris, où il fut anobli par le roi Louis XVIII pour services rendus à l'Etat; on dit qu'il fut même autorisé à franciser son nom et le changer en celui de: de la Martellière.

Vers la même époque, la maison Desgrandchamps actuelle fut élevée sur les ruines de l'ancien bailliage. D'autres bâtiments ont été construits dans le faubourg, qui a été embelli principalement par M. Philippe-Xavier Desgrandchamps, ancien notaire. Disons en passant qu'ils portent tous un cachet de distinction que lui seul, comme architecte de mérite et artiste sculpteur, savait donner à ses œuvres, car Desgrandchamps était à ses moments de loisirs mécanicien, littérateur et poëte. En dehors d'un grand nombre d'inventions mécaniques, ayant figuré à l'Exposition de 1878, il a laissé un manuscrit sur les origines du château et des comtes de Ferrette et des poésies diverses qui composent deux forts volumes de plus de 6000 vers.

Le 26 juillet 1789, à une des extrémités de la France, dans notre pauvre petit pays, la pression orageuse de l'atmosphère révolutionnaire de Paris se fait sentir avec une violence extrême. Tout le Sundgau est en révolte; les paysans accourent en armes du fond des vallées de Massevaux et de Saint-Amarin, se dirigent en masse sur la capitale, le Haut-Ferrette. La vue du château avec ses sinistres tours qui émergeait à l'horizon et dominait au loin le pays leur personnifiait encore la puissance féodale, la terrible souveraine.

Après avoir saccagé le bailliage et ses dépendances, situés au faubourg, ils les brûlent avec les nombreuses archives amoncelées depuis des siècles, et, à la lumière sinistre de l'incendie se partagent les dépouilles.

M. l'abbé Zimberlin, un de nos plus âgés concitoyens, nous a transmis verbalement le procédé sauvage qui présidait à ce partage: chacun ayant à son tour le droit de mettre la main dans le sac qui contenait les écus et les objets précieux, et d'en retirer tout ce qu'il pouvait saisir d'une main, le nommé Gœpfert, un des coryphées de la bande fut surpris en repiquage. La hache sans pitié s'abattit aussitôt sur lui, et si violemment que sa main tranchée par le coup resta dans le sac.

M. Gérard, dernier bailli de Ferrette, parvint fort heureusement avec sa famille, grâce à la nuit, à quitter le bailliage la veille de l'attaque; il gagna sain et sauf la frontière suisse.

La ville haute, où la bourgeoisie était en désaccord, les uns étant partisans des rebelles, ne dut son salut qu'à l'énergie de quelques-uns d'entre eux, et la demeure du procureur fiscal Manweeg (maison C. Cassal) avec sa caisse, et peut-être la ville entière, échappa aux flammes.

La Révolution abolit les priviléges et mit la ville de Ferrette et ses habitants sous le régime du droit commun, toutefois avec quelques réserves: Ainsi, les droits suburbains d'affouage lui furent maintenus. Il est intéressant de savoir qu'à la suite du *Coutumier de Ferrette* se trouve le procès-verbal des usages forestiers, connu sous le nom de *Wald-ordnung*, publié le 15 avril 1557 par l'archiduc Ferdinand. D'après M. Ed. Bonvalot, le pays de Ferrette était alors couvert de vastes forêts, qui depuis les temps les plus reculés étaient possédées en commun par les comtes et dix-sept villages du comté.

Par les règlements de M. de Lucé, intendant d'Alsace, faits en 1749 et en 1760, les forêts sont réparties entre les dix-sept villages et la maison de

Mazarin; mais les cinq communes limitrophes de Ferrette, savoir: Bendorff, Bouxwiller, Luxdorff, Sondersdorff et Vieux-Ferrette, sont *seules maintenues débitrices* des droits d'usage forestiers que la ville avait sur la totalité des forêts. Le caractère autoritaire du régime royal n'excuse pas la façon arbitraire avec laquelle M. de Lucé a enlevé aux Ferrettiens un droit d'usage dans les forêts des dix-huit communes pour les réduire et les déléguer sur les cinq communes limitrophes seulement. Ces règlements sont confirmés par arrêt du Conseil d'État du Roi, en date du 29 octobre 1768, qui fait ainsi cesser l'indivision séculaire de toutes ces forêts.

Les décrets de 1789, 1791 et 1792 révoquèrent la donation de Louis XIV à Mazarin; mais en 1825 et 1828, les héritiers de celui-ci furent réintégrés en la possession de leurs anciens domaines, et peu après les partages et cantonnements de 1760 et 1768 furent définitivement opérés avec les dix-sept villages et Madame de Monaco, suivant transaction et acte authentique passé devant Me Cassal, le 1er octobre 1828.

Les droits usagers sur les lots des cinq communes furent toujours contestés à la ville pendant plus d'un siècle; enfin un projet de transaction fut agréé par les villages et sanctionné par l'autorité préfectorale en 1865. La ville de Ferrette, moyennant renonciation à tous ses droits d'usage, devint propriétaire du fonds; Bendorff lui abondonna 213 millièmes de sa forêt, Bouxwiller 182, Luxdorff 206, Sondersdorff 204 et Vieux-Ferrette 73 millièmes.

Par ce partage Ferrette obtint des cinq communes environ 210 hectares de forêt, de différentes essences et périodes. Nous devons la régularisation de notre situation en grande partie au travail persévérant et à l'esprit de justice de M. Félix Vincent, alors sous-inspecteur des eaux et forêts à Ferrette, où il est décédé le 12 décembre 1879, après avoir légué, par testament, la plus grande partie de sa fortune au bureau de bienfaisance de notre ville.

Ferrette était jusqu'en 1798, avec Colmar, Huningue et Belfort, le chef-lieu d'une des subdélégations (arrondissements) de la Haute-Alsace. La subdélégation de Ferrette était divisée en cinq départements: Ferrette, Eschentzwiller, Haut-Landser, Hirsingue et Huningue. Le remaniement actuel des différents ressorts administratifs nous rendra-il peut-être notre ancienne importance?....

Pendant la Terreur, les dispositions peu conciliantes des Ferrettiens, toujours remuants et batailleurs, retardèrent quelque peu l'éxécution des projets du sinistre conventionnel Hérault de Séchelles, qui, après décembre 1793, devait de Blotzheim, avec la guillotine pousser jusqu'à Ferrette, où on l'attendait manches retroussées, avec la légendaire serpette et le gourdin, lorsque la révolution du 9 thermidor nous délivra définitivement.

Cependant les levées en masse ne se ralentissaient pas, et se firent, dit-on, avec enthousiasme dans notre Sundgau, où l'instinct guerrier et militaire, joint à un ardent patriotisme, animait les cœurs et les disposait en faveur des nouvelles idées.

Nous voilà arrivé à l'époque des revers: en décembre 1813, janvier et février 1814, nous eûmes à supporter le flot de l'invasion se dirigeant sur Paris. Les nombreuses réquisitions appauvrirent notre malheureux Sundgau et y répandirent la plus profonde misère. Tout à coup on apprend, que Ferrette, pour fait de guerre à main armée, allait être occupé extraordinairement par un régiment de cosaques. La ville en émoi s'adresse à l'empereur d'Autriche, alors à Bâle. La supplique signée par Ant. Vogelweid, Louis Cassal, Desgrandchamps, Niederberger, Bresson, Touvet, Zimberlin et Bigenwald, resta sans réponse ; une députation, ayant à sa tête Jean-Baptiste Vogelweid, se rendit alors au camp de Blotzheim, où Sa Majesté était de passage. La prestance du député et sa harangue en langue latine, lui rappelant sa descendance du château par Jeanne de Ferrette, produisirent leur effet. Au retour des envoyés, les Cosaques avaient déjà reçu l'ordre d'évacuer la place ; ils durent s'établir sur la route de Kœstlach, de l'autre côté du village de Vieux-Ferrette, sur les prés, qui portent encore aujourd'hui leur nom: Kosakematte (prés des cosaques).

Pendant ce temps, Ant. Vogelweid, député du canton de Ferrette, et Garotzi jeune, député du canton d'Altkirch, se rendaient au camp de Vandœuvre, où grâce à leur éloquence, ils obtiennent de l'empereur de Russie la remise d'une somme de 93,000 francs qui devait être payée sur le champ, pour dommages faits par les légions volantes au pont de Niffer.

Au mois de mars suivant, le même Vogelweid est dépêché de nouveau en mission à Colmar et de là au grand quartier général des Alliés à Bar-sur-Aube, puis à Paris, d'où il revint enfin avec la remise entière du fameux million de contribution de de guerre qui devait écraser le pays d'Altkirch et de Ferrette.

Le 22 juin suivant, Vogelweid, en témoignage de ses services, obtint du roi Louis XVIII la décoration du Lys.

Le 7 Août 1826, le dernier vestige des fortifi-

cation de notre petite ville, après de longs et
regrettables débats entre les citoyens, et même des
batailles dans la rue, disparut à la suite de la
démolition de la porte nord, située au bas de la
ville, à côté du grenier de la dîme.

Porte nord et Grenier de la dîme
(en 1826)

Une tradition un peu légère nous raconte qu'au
dernier moment une partie du Conseil municipal dé-
pêcha à Colmar une députation pour protester contre
l'autorisation de la démolition, mais les députés
oubliant quelque peu l'importance de leur mission,
s'arrêtèrent en passant à Altkirch le jour des ven-
danges : les raisins et le bon crû de leurs amis

Altkirchois leur occasionna une indisposition qui les mit en état d'odeur et de senteur tellement peu présentables qu'ils durent non seulement changer de pantalons et du reste... mais encore pernocter à Altkirch....

On dit qu'à la faveur de ce retard la porte nord tomba sous le marteau des démolisseurs.

A côté du grenier de la dîme subsiste encore aujourd'hui, dans la maison voisine, la salle des assises des baillis de Ferrette, avec une peinture à fresques au plafond, représentant le couronnement de la Vierge, et un tableau, le Christ en croix, devant lequel était lue solennellement la formule anathème précédant le serment, selon l'usage des sacramentales.

Avant 1826, notre Hôtel-de-ville, bâti en 1572, avait un cachet fort antique. Sous prétexte de grandes réparations, il a été dénaturé en partie par une administration inconsciente et maladroite. Elle a du moins laissé au deux étages les fenêtres à quatre et à six baies étroites, d'inégale hauteur, et au-dessus de la porte les armes de Ferrette réunies à celles des archiducs d'Autriche, avec la mention : Anno dom. M. D. LXXII. Il est surmonté d'un beffroi dont la cloche, portant la date de 1592, annonçait le couvre-feu à dix heures, heure à laquelle la ville était fermée jusqu'au lever du soleil. Le crieur de nuit en faisant ses rondes, veillait à la sécurité des habitants, et se chargeait au besoin de les réveiller à n'importe quelle heure dans la nuit.

La plupart d'entre nous se rappellent encore, pour l'avoir entendue, la voix du crieur au milieu de la nuit sombre et agitée, dominant les rafales, chantant la complainte monotone mais rassurante :

Loset was i eich will sage,
D'gloke het elfi g'schlage.

Leschet Fir un o s'Liecht,
Das eich Gott un Maria b'hiet.

Loset . . . .

Burger schlof riehig un fort,
Der Wachter wacht un sorgt,

Loset . . . .

Der Tag chunt ge schliche,
Fir d'Arme un d'Riche.

Loset . . . .

Der édélé Tag der Gott uns gab,
Ich winsch eich alle ne guete Tag.

De cette époque (1828) date l'endiguement de la Chatzebach à travers le faubourg, qui jusque là était un cloaque infranchissable pendant la mauvaise saison.

Avant 1789, les exécutions capitales se faisaient au lieu dit *Galgegasse*. Une vieille croix en bois, qui a été renouvelée il y a deux ans, indique encore aujourd'hui l'emplace-

Potence.

ment de la potence à quatre piliers.

La tradition nous transmet le sujet de la dernière

exécution: Un voleur avait dévalisé et profané l'église de Feldbach; arrêté, il fut condamné à la pendaison et exécuté. Quelque temps après, l'innocence du malheureux fut constatée par l'aveu tardif que fit le véritable coupable ; celui-ci fut condamné à son tour et brûlé vif au pied de la potence où l'innocent avait été pendu.

Pilori (1830).

Avant 1830 existait encore sur le mur, en face de l'Hôtel-de-ville, le pilori (Schandpfohl), où était exposé pendant les marchés et les foires le fils qui avait enfreint le quatrième commandement de Dieu.

Tout près de là, sur la place, à côté du vieux Kaufhaus, se trouvent les deux *Arbres de la liberté* plantés en 1830 et en 1848 en grande cérémonie avec l'assistance des autorités civiles, religieuses et militaires.

N'oublions pas de dire, pour clore nos relations, que le cimetière qui entourait notre vieille église depuis plus de 700 ans a été transféré sur la route de Vieux-Ferrette et sur une étendue insuffisante, contrairement à l'intérêt de la localité, malgré la protestation d'une minorité mieux inspirée, et inauguré le 15 avril 1877.

A ceux de nos lecteurs, à qui notre petit travail ne suffit pas au point de vue historique. nous recommandons la lecture de l'*Histoire du Comté de Ferrette* par Ch.

Goutzwiller, publiée en 1853 et l'*Histoire des Comtes de Ferrette* par A. Quiquerez, publiée en 1863 ; une étude fort intéressante publiée l'an dernier dans le journal *Le Passe-Temps* par L. Hartmann. Enfin une autre, récemment écrite en langue allemande par Bœhm-Waledisch, qui complète la série des publications intéressant notre région.

CHAPITRE VI.

Excursions à faire depuis Ferrette

(EN UNE JOURNÉE).

De Ferrette on peut faire à volonté un grand nombre de belles excursions, longues ou courtes, au choix. Parlons de celles qu'on peut faire *en voiture en une journée*. Nous ne nous occuperons pas des excursions plus longues, ni des parties de promenade à pied, qu'il sera facile à chacun de composer lui-même au moyen de notre carte du pays et du tableau des distances kilométriques.

Pour le touriste ne désirant passer qu'une journée à Ferrette, nous avons fait une petite carte spéciale fixée en tête du livre.

Le pays de Ferrette, dans un rayon de 25 kilomètres, est partagé en dix zônes d'excursions, dont voici l'itinéraire avec quelques renseignements pouvant intéresser le touriste :

I. Stalactites de Milandres. — Delle.

De Ferrette à Delle, 25 km. (hôtel du Nord), par Pfetterhouse, Réchésy, premier village français, où il faudra vous arrêter au bureau de la douane, si vous avez à faire une déclaration.

Delle a 2400 habitants ; les grottes de Milandres sont à 2 kilomètres de la ville sur la commune de Boncourt (Suisse).

Voici ce qu'en dit le Guide du touriste à Belfort:

„Les grottes de Milandres ont été ouvertes au public en 1889 ; elles sont placées sous la tour de Milandres, dont le château fut démantelé par Turenne en 1674. Des travaux d'aménagement intérieur permettent aux visiteurs de parcourir sans danger ni fatigue ces cavités naturelles.

„A la voûte élevée se voient des stalactites, et les parois sont ornées de draperies de pierre qui scin-tillent sous l'effet d'un puissant éclairage. Çà et là de superbes stalagmites se dressent sur le sol semblables à de blancs fantômes, donnant à ces grottes profondes un aspect fantastique qui force l'admiration des spectateurs."

II. Porrentruy et le Liebenstein.

Porrentruy, 23 km. (hôtel du Cheval blanc, hôtel National, hôtel Suisse), ville très pittoresque, ancienne résidence des évêques de Bâle; collège (jadis de Jésuites), école normale primaire. On remarque l'église Saint-Etienne, la tour de Refuge (Rehfuss), la tour du Coq, le château épiscopal, dans lequel il y a les portraits des évêques de Bâle, et un hôpital bourgeois très riche.

Au moyen-âge cette ville fut un sujet de continuelles contestations entre l'Empire, la France, la Bourgogne, les comtes de Ferrette, de Neuchâtel et de Montbéliard. Les évêques de Bâle, qui l'avaient acquise en 1271, vécurent toujours en mauvaise intelligence avec les bourgeois. Pendant la guerre de Trente ans, elle fut prise tour à tour par les Suédois, les Allemands, les Français et les Espagnols.

Conquise par les Français en 1793, elle devint le chef-lieu du département du Mont-Terrible, puis d'un arrondissement du département du Haut-Rhin.

Les traités de 1815 la donnèrent au canton de

Château de Porrentruy.

Berne. Elle essaya en 1830, par une sédition sans succès, de se réunir à la France. Depuis, l'industrie horlogère, qui s'y est prodigieusement développée, la fait ranger parmi les villes les plus commerçantes de la Suisse.

En allant à Porrentruy, vous trouverez sur votre route, au-dessus du village de Liebsdorf, les ruines du château de *Liebenstein*.

Ce château servait de résidence à une famille noble du même nom, et devint en 1361 la propriété des seigneurs du Morimont, qui le cédèrent l'année suivante aux comtes de Ferrette, dont les successeurs l'ont possédé jusqu'à la Révolution, époque à laquelle il fut déclaré propriété nationale.

Plus tard la propriété du Liebenstein fut acquise de l'Etat par voie de soumission par un Israélite de Colmar, qui la revendit à la famille Rich, qui en est encore propriétaire aujourd'hui.

Le Club Vosgien, section du Jura, à Ferrette, a fait au château du Liebenstein quelques aménagements en établissant dans l'intérieur de la seule tour qui existe encore un escalier qui nous permet de monter sur le faîte, d'où l'on jouit d'une vue très étendue sur le pays de Porrentruy, la trouée de Belfort et les Vosges.

III. Château du Morimont. — Grottes d'Oberlarg.

De Ferrette au Morimont par Winckel, Oberlarg, Levoncourt, et retour par Courtavon, 22 km. (auberge Schull-Nieger à Courtavon).

Le Morimont, selon Quiquerez, était un de ces nombreux châteaux bâtis sur l'emplacement d'anciens ouvrages de défense que les Romains avaient élevés en grand nombre sur le versant nord du Jura, le long d'une voie militaire qui, d'Augusta Rauracorum ou du Rhin, conduisaient à Vesantio.

Lors des invasions germaniques, les Barbares

conservèrent la plupart des postes militaires qu'ils trouvèrent établis. Au moyen-âge ils devinrent des résidences seigneuriales. Telle a été, comme Ferrette, la destinée du Morimont.

Le château, dit M. Hartman, s'élève entre Oberlarg et Levoncourt, juste à la frontière des langues, sur la crête d'une colline, peu élevée d'ailleurs, mais presque inaccessible d'un côté. Il formait

Morimont.

une vaste enceinte, entourée de fossés sauf au sud, où l'escarpement de la roche les rendaient inutiles. De forme polygonale, ce fort était flanqué de sept tours, avec des embrasures, des meurtrières, et se terminant par des plates-formes munies de parapets.

Au raconte qu'il avait été construit sur le modèle du château à sept tours de Constantinople que Pierre de Morimont aurait vu dans cette ville pendant une ambassade dont il aurait été chargé auprès du Sultan.

Sur le côté nord, au-dessus de la cave se trouvait

l'habitation seigneuriale avec ses appartements vastes et spacieux, des salles immenses, la cuisine et l'office. Dans un bâtiment séparé, un ancien château, dit-on, se trouvait la chapelle.

Du côté de l'Orient se trouvaient les étables, les remises, les magasins de toutes sortes. Un puits d'une profondeur considérable, taillé dans le roc, s'appuyait du côté gauche de l'édifice, tout contre le rempart; une arcade le recouvrait.

Armoiries de Morimont.

Lorsque Ulrich de Ferrette vendit en 1271 aux évêques de Bâle son comté de Ferrette, le Morimont en faisait partie. Un Henri de Mörsberg en était alors investi.

Plus tard cette famille augmenta considérablement ses domaines et sa puissance et tenait long-temps, soit à titre d'en-gagement, soit à titre de fief, la plus grande partie du Sundgau.

Jerôme vendit la seigneurie de Morimont en 1582 aux comtes d'Ortenberg de Salamanque, qui la gardèrent jusqu'à la guerre de Trente ans.

En 1648, Robert de Vignacourt reçut à son tour le domaine de Morimont des mains de Louis XIV.

En 1723 l'héritage fut partagé entre les enfants d'Antoine de Vignacourt. L'un d'eux, François-Joseph, dit Vosel, se bâtit en 1735 une nouvelle demeure près de l'ancien château incendié et avec ses débris.

Par le décret du 2 février 1792 le château

avec ses dépendances fut confisqué au profit de la nation sur les héritiers émigrés d'Etienne de Vignacourt.

Suivant contrat administratif des 16 et 25 Pluviose, an V, Joseph Bruat, juge au tribunal de Colmar en devint propriétaire. Les héritiers de celui-ci le cèdent en juillet 1808 à un nommé Meyer, qui, à son tour, le revendit en 1870 à M. Viellard, dont la famille est encore en possession aujourd'hui.

A environ 200 mètres derrière l'église d'Oberlargue se trouve dans au charmant petit vallon la *source de la Largue,* à côté des *grottes* préhistoriques qui ont été explorées par le Dr. Thiésing de Porrentruy. Il y a trouvé un grand nombre d'ustensiles très curieux en silex et en schiste, plus un certain nombre d'objets en os, des débris d'une faune remarquable, des poteries néolithiques. Les résultats de ces recherches ont été publiés dans le *Bulletin* de la Société Jurassienne d'émulation de Porrentruy.

IV. Lucelle et Moulin-Neuf.

De Winckel à Lucelle au Moulin-Neuf et retour par le Blochmont, 26 km. (auberge à Lucelle, veuve Vogt; au Moulin-Neuf, A. Meyer).

Allez de Winckel à la Verrerie. Peu après vous traverserez les fermes du Scholis, séparées par la route. C'est ici le point principal de la grande ligne de partage des eaux. A votre gauche, le premier bâtiment est la grange du Scholis, dont les eaux du toit qui est devant vous se déversent dans le bassin de la Méditerranée, tandis que les eaux du toit opposé du même bâtiment coulent dans la mer du Nord.

Au sortir de la cour commune aux deux Scholis, descendez à Lucelle, mais par la *nouvelle route, à droite*. Arrêtez-vous à mi-côte, car la vue est magnifique. Vous avez à vos pieds les restes de l'ancien couvent des moines cisterciens de Lucelle. Fondé et bâti par trois gentilshommes bourguignons dans cette affreuse solitude, à la source de la Lucelle, ce fut le 25 mars 1123 que l'Evêque Berthoulde de Bâle, avec toute la pompe du culte catholique, consacra l'église du couvent en présence de saint Bernard de Clairvaux et d'une foule immense de nobles, de bourgeois et de roturiers accourus des pays voisins.

Le couvent reçut pour armoiries : une église en forme de croix latine sur champ d'argent, avec couronne ou auréole d'azur semée de douze étoiles d'or.

Armoiries de Lucelle
(d'après une gravure de 1666).

Asile des études sérieuses, où se réfugièrent pendant des siècles la science et la méditation, le couvent ne cessa de grandir en renom; sa réputation s'étendit au loin; mais il ne fut pas à l'abri des revers.

Il fut détruit par l'affreux tremblement de terre de 1340; rebâti, il est incendié en 1499 par les Suisses en guerre avec les Allemands.

En 1524, il fut de nouveau en partie incendié par la foudre, et, l'année suivante, détruit de fond en comble par les paysans en révolte. Alors, disent les *Fastes*, Ingens libarum thesaurus: la fameuse bibliothèque, connue et estimée de l'Europe savante, et les manuscrits amoncelés depuis plus de trois

Lucellæ fondata anno domini 1124.

siècles, devinrent en un seul jour la proie des flammes. Peut-être avons-nous dans cette sinistre journée perdu à tout jamais des trésors d'histoire que nous léguait l'antiquité.

En 1632, le couvent fut pillé et ruiné par les Suédois, ce qui obligea les moines à s'établir plusieurs années au Löwenbourg. Le couvent de Lucelle fut de nouveau détruit par un incendie le 6 décembre 1699.

L'abbaye de Lucelle, dans la suite des temps, forma soixante monastères et quarante couvents de religieuses. Elle eut près de soixante abbés, qui, tous lettrés et savants, étaient en rapport avec les illustrations de l'Europe entière; plusieurs d'entre eux ont laissé des traces brillantes dans les lettres et la théologie.

Le couvent était riche; mais par suite de ses fréquents désastres il dut en 1681, pour rétablir ses finances, solliciter de Louis XIV le droit d'établir des forges et martinets dans ses dépendances.

Le 2 novembre 1789 l'Assemblée Nationale met les propriétés du clergé à la disposition de l'Etat comme biens nationaux, et le 13 février suivant elle abolit les ordres religieux. Peu après les moines furent dispersés et les différentes propriétés, ainsi que les constructions, furent morcelées et vendues. Ces dernières furent tous converties en établissements industriels: hauts-fourneaux, feux d'affinerie, martinets, laminoirs, tréfilerie et scierie, qui cessèrent d'être exploités le 28 février 1882.

L'église du couvent a été démolie en 1804.

En descendant l'intéressante vallée de la Lucelle, vous trouverez, en chemin, la scierie de Lucelle, l'ancienne tréfilerie, le martinet de Saint-Pierre, aujourd'hui le Forsthaus, la chapelle de Saint-Pierre, l'auberge du Moulin-Neuf, où vous quittez la vallée pour rentrer à Ferrette par la belle route du Glasberg.

V. Le Glasberg et le Blochmont.

De Ferrette à Winckel, par la chaîne du Glasberg au Blochmont et retour à Ferrette, 21 Km.

Suivant la tradition, le village de Winckel doit son origine à trois frères venus de Ferrette, qui s'établirent sur son emplacement comme charpentiers et bûcherons.

Au haut du village se trouve la source *principale de l'Ill*, à 572 mètres au-dessus du niveau de la mer, et à 420 mètres sur le point où la rivière reparaît au jour au bord de la route, au-dessus du village de Luxdorf.

Un jaugeage fait par M. Ch. Grad en 1882 indiquait alors pour la source de Winckel un débit de 35 litres par seconde, soit plus de 2 mètres cubes par minute.

A peu de distance de cette source se trouve la vieille *chapelle de Wart*, en face de l'ancien château de ce nom, mais dont les traces ont disparues; la chapelle, dédiée à saint Georges, a été érigée en souvenir du chevalier de Wart, qui nous rappelle une sinistre et affreuse histoire.

Madame la duchesse d'Abrantés, dans un article publié en 1834 par le *Musée des familles*, et intitulé „Adelaïde de Sargans, baronne de Wart“ a coloré de son beau style ce sombre épisode de l'histoire helvétique.

Voici comment Goutzwiller la raconte dans son histoire des comtes de Ferrette:

„L'Empereur Albert Ier venait d'être assassiné

en Suisse par son cousin Jean de Souabe et quelques autres conjurés, au nombre desquels se trouvait
le chevalier Adolphe de Wart. Celui-ci fut condamné
au supplice de la roue et traîné sur la place de
l'exécution, attaché à la queue d'un cheval. Son
agonie sur l'instrument fatal dura trois jours et
trois nuits.

„On sait le dévouement angélique et presque
surhumain de sa femme, Adelaïde de Sargans, et les
vengeances terribles d'Agnès de Hongrie, fille de
l'empereur, qui fit immoler plus de douze cents
victimes aux mânes de son père; elle poursuivit à
outrance tous ceux que de simples soupçons lui
désignaient comme complices, comme parents ou
amis des meurtriers; elle fit couper le tronc de
l'arbre teint du sang de son père, s'en fit faire un
bahut, où elle serrait ses vêtements, afin d'avoir
constamment sous les yeux de quoi activer sa
vengeance. Le château de Wart fut rasé du sol.
La malheureuse veuve du supplicié termina ses
jours dans un couvent de Bâle."

Arrivé au haut de la montagne, laissez la ferme
du Kolberg à votre droite, restez constamment sur
la crête de la montagne; à cet effet, suivez continuellement le chemin qui est praticable en restant
toujours sur la hauteur. A tout moment vous jouissez
d'un autre point de vue sur les montagnes suisses.
Peu après vous arrivez auprès du fameux hêtre de
la Neun-Eich, point topographique; là vous aperce-
vrez par un temps clair une partie de la chaîne
blanche des glaciers.

Il y a à la ferme une station d'élevage de jeune
bétail appartenant aux comices agricoles de Mulhouse et d'Altkirch. Visitez les écuries si le cœur
vous en dit.

En suivant toujours la crête vous arrivez aux ruines de la ferme du Schluraf, puis enfin sur la hauteur du Hornihoff, la plus belle vue du Glasberg, Arrêtez-vous un instant.......

En descendant vers le Steiner à vos pieds, vous traverserez la cour de la ferme, pour rejoindre par un nouveau chemin le Blochmont, en face de vous, mais dont les arbres ont envahi les ruines de l'ancien château.

Le Blochmont est un des domaines de Ferrette conféré en fief aux familles de Thierstein et d'Eptingen en 1379. Les Bâlois détruisirent ce château dans une guerre qu'ils firent à Hermann d'Eptingen en 1449, qui soutenait alors le duc Albert d'Autriche contre les Bâlois.

Le fermier du Blochmont tient auberge. Au Blochmont vous vous trouvez à moitié chemin de Winckel à la Bourg. En suivant le sentier tracé par le C. V. de Ferrette, sur la crête du Rothenstein, vous arriverez à la pointe supérieure du Rœmel, d'où vous jouissez d'une vue magnifique sur le Jura soleurois; vous avez à vos pieds l'hôtel des bains de la Bourg, recommandable à tous les points de vue.

Si, au contraire, du Blochmont vous descendez à pied le Glasberg, vous trouverez sur le sentier, au lieu dit *Karpà*, la roche miraculeuse, le fameux *Pipalasteï*. La croyance populaire vous invite à revenir la nuit de Noël y appliquer les oreilles pour entendre les voix célestes, la musique divine et mélodieuse des anges du Paradis, chantant les louanges de l'Homme-Dieu.

Après avoir passé le pont de l'Ill, vous avez à votre droite l'antique chapelle d'Hippolskirch, dont l'édification se perd dans la nuit des temps. Walch, moine de Lucelle, dans ses *Miscellanea Luciscellensia,* nous raconte qu'un comte de la Roche, se trouvant prisonnier des Turcs, fit vœu de bâtir une chapelle à la vierge Marie s'il recouvrait la liberté, et aussitôt il se trouva dans son château, à bien des cents lieues de là. En suite de ce miracle, il fit bâtir une chapelle qu'il dédia à saint Hippolyte, et que le Pape Léon IX, cousin de Frédéric comte de Ferrette, consacra au printemps de l'année 1050.

Partant d'Hippolskirch, vous pouvez remonter à gauche la vallée de l'Ill jusqu'à Luxdorf, et rentrer à Ferrette par la nouvelle route du vallon de la Falme.

VI. Les Gorges de Moutier.

De Ferrette à Delémont (par le Moulin-Neuf), 24 km. (hôtel du Faucon, hôtel de l'Ours; à Moutier hôtel du Cerf).

Pour faire cette belle excursion, dont le but doivent être les gorges de Moutier, il faut partir de bon matin, être à la gare de Delémont dès 8 heures pour prendre le train pour Moutier.

Au débarcadère de Moutier, inutile d'entrer dans la ville, qui n'a rien d'intéressant ni de remarquable. Reprenez à pied, sinon en voiture découverte que vous demandez à la gare, le chemin des gorges vers Delémont, car en chemin de fer vous n'avez absolument rien vu. Vous pouvez remonter dans le train à Roche (2 km.), si vous êtes bien disposé, à Courrendlin (7 km.), et rentrer à Delémont par chemin de fer à 11 heures et demie, pour dîner à l'hôtel du Faucon ou à l'Ours; faire une visite en ville et rentrer à Ferrette de bonne heure.

N. B. Au lieu d'aller de Ferrette à Delémont, on peut rejoindre par Courtavon la gare de Courgenay; laisser la voiture à l'auberge et prendre un billet aller et retour pour Moutier.

Au sortir du tunnel de Courgenay, vous allez jouir d'une vue délicieuse sur le grand viaduc et la petite ville de Saint-Ursane sur les bords du Doubs, avec son église, remarquable monument du onzième siècle, l'ancien château, l'Ermitage, le tout dans une situation très pittoresque.

VII. Kiffis et Laufon.

Kiffis et Laufon, 24 km. (hôtel du Soleil).

Par la route du Glasberg, montez à Kiffis et descendez de là dans la vallée de la Lucelle. En y arrivant par Kiffis vous trouverez de suite à votre gauche, au bord de la route, la carrière de tuf avec ses nombreuses pétrifications, puis le Klœsterli, ancien couvent de religieuses, dépendance de Lucelle; au milieu des prés se trouvent les restes d'une chapelle, dans laquelle il y a un petit autel d'une construction élégante.

A Laufon, vous avez à voir le confluant de la Lucelle et de la Birse; très belle vue. Il est regrettable que dans ce pays les chemins ne soient pas mieux entretenus.

VIII. La Bourg. — Notre-Dame de la Pierre. Landskron.

Le château et les bains de la Bourg, Notre-Dame de la Pierre, ruines du Landskron et retour à Ferrette (33 Km.)

N. B. Disons de suite que cette excursion pourrait être faite en deux fois : 1° Château et bains de la Bourg; 2° Notre-Dame de la Pierre et le Landskron.

Par Sondersdorf, Wolschwiller à la Bourg (13 km.). Pendant qu'on prépare le déjeuner à l'hôtel des bains montez au château, qui est ouvert à tout

Landskron.

venant. Puis partez pour Notre-Dame de la Pierre : Grand pèlerinage, couvent de Bénédictins fondé par un seigneur de Landenberg, sécularisé depuis 1874 par le canton de Soleure. Visitez le couvent et l'église, la chapelle des Sept-Douleurs. Puis par 54 marches taillées dans le roc, descendez dans la grotte appelée chapelle miraculeuse, où se trouve la vierge ceinte d'une couronne d'or, don de l'empereur Napoléon III.

De la grande auberge des pélerins, un chemin vous conduit en vingt minutes au Landskron, qui domine la vallée de Leymen. Le château fut pris en 1215 par l'empereur Frédéric II, et en 1468 par les habitants de Soleure, appelés par les Mulhousiens. Louis XIV, ayant acquis le domaine directement en 1664 du marquis de Baden-Durlach, Landskron devint une place de guerre importante, qui a long-temps servi de boulevard à la France. En 1813, elle fut occupée par 47 vétérans et quelques conscrits manquant de munitions; après un bombardement de trois jours ils furent obligés de se rendre à l'ennemi, commandé par le général Wrede.

Le château a été rasé en 1814 et appartient aujourd'hui à M. le baron de Reinach, qui veut bien permettre aux visiteurs raisonnables l'accès de la terrasse et de la plate-forme, d'où on a un panorama magnifique.

Descendez sur Leymen pour y joindre votre voiture, qui vous conduit à Rodersdorf, à l'auberge Altenbach ou celle de Brunner. De là vous avez 12 kilomètres pour rentrer à Ferrette.

IX. Arlesheim.

Par Leymen, Terwyl, Reinach, Dorneckbruck (hôtel de la Gare, du Bœuf), Arlesheim, 24 Km. (hôtel du Lion).

Arlesheim. Petite ville de Bâle campagne, autrefois siège du chapitre de Bâle (1678 à 1792). En 1499, victoire de 600 Suisses contre 1500 ennemis commandés par le comte de Furstemberg. Vous avez à voir l'église, le château de Birseck (10 m.) propriété des évêques de Bâle jusque 1792. Demandez au gardien les clefs pour voir les curiosités. Vous trouverez entre autres, le monument du poëte Delille.

Dans le voisinage, à Dornach, se trouve le couvent des Capucins. Le tout dominé par la Kempenfluh (776 m.) Vue magnifique sur le pays de Bâle et le Haut-Sundgau.

X. Bâle.

Aller à Bâle par Folgensburg (25 Km.) et revenir par la vallée de Leymen (24 Km.)

Les Ferrettiens en général descendent à l'hôtel de la Cigogne.

Nous vous recommandons de visiter la cathédrale, fort ancienne et très remarquable ; les musées d'antiquités et de peinture. — Celui-ci renferme toute la collection des tableaux de Holbein. Le pont qui conduit à Petit-Bâle est remarquable par sa longueur et sa construction.

Pour plus de détails, voyez le Guide de Bâle en vente dans toutes les librairies.

Un dernier mot :

Vous tous, qui voyagez pour votre plaisir ou le rétablissement de votre santé, mais surtout vous, travailleurs infatigables et fatigués, qui avez donné une trop forte somme de labeurs et de productions pendant l'année ; santés ruinées par la grande ville, où votre activité, sous des faces multiples, use vite vos forces, venez passer une Saison de Vacances à Ferrette.

Venez-y avec confiance. Nous vous verserons à pleins bords l'air purifié et embaumé de nos forêts de sapins et de hêtres.

Sur nos rochers et nos hauteurs, votre regard, s'étendant à perte de vue, loin, bien loin, entraînera votre âme ; le rêve vague chassera la pensée active ; vous oublierez vos fatigues, et par suite vos peines.

Vous vous laisserez vivre au milieu de notre nature tranquille et gaie, et vous trouverez le repos que vous cherchez pour réparer vos forces avant de retourner au travail après des vacances bien méritées.

Si vous n'étiez pas, cher Lecteur, convaincu par tout ce que vous venez de lire, avant de fermer mon petit livre, écoutez le témoignage de J. J. Rousseau sur l'influence physique et morale du séjour de la montagne sur les hommes. Vous ne sauriez récuser les affirmations de l'écrivain qui a le plus étudié la nature et dépeint ses charmes avec le plus de grâces :

„C'est une impression générale qu'éprouvent „tous les hommes, quoiqu'ils ne l'observent pas „tous, que sur les hautes montagnes, où l'air est „pur et subtil, on sent plus de facilité dans la res-„piration, plus de légèrcté dans le corps, plus de „sérénité dans l'esprit, les plaisirs sont moins ar-„dents, les passions plus modérées, les méditations „y prennent je ne sais quel caractère grand et su-„blime, proportionné aux objets qui nous frappent, „je ne sais quelle volupté tranquille, qui n'a rien „d'âcre et de sensuel, etc.

„Aussi pouvons-nous être surpris que des bains „de l'air salutaire et bienfaisant des montagnes ne „soient pas un des grands remèdes de la médecine „et de la morale.“

TABLEAU

de quelques distances kilométriques

(DE FERRETTE).

	Km.		Km.
Altkirch	18	Liebenstein	9
Arlesheim	24	Lucelle	12
Bâle	25	Lupach	2
Bendorf	4	Lutter	6
Bettlach	9	Luxdorf	3
Biederthal	12	Miécourt	16
Blochmont	9	Mittelmuespach	9
Bourg (la)	11	Mœrnach	5
Bourignon	15	Moos	9
Bouxwiller	3	Morimont	11
Courgenay	22	Moulin-Neuf	12
Courtavon	12	Movelier	17
Delémont	24	Neun-Eich	8
Delle	25	Notre-Dame de la Pierre	16
Dornach-Bruck	23	Oberlarg	8
Durlinsdorf	7	Oltingue	8
Fislis	6	Pfetterhouse	12
Flüh	16	Porrentruy	23
Folgensbourg	12	Rädersdorf	5
Hammerschmiede	14	Rodersdorf	12
Hippolskirch	4	Saboterie	7
Hirsingue	13	Saint-Blaise	8
Horni	11	Saint-Louis	23
Huningue	24	Saint-Pierre	10
Kiffis	12	Scholis	11
Kolberg	10	Sondersdorf	3
Klösterle	16	Steinerhof	10
Köstlach	3	Therwyl	18
Landskron	15	Tréfilerie	10
Laufon	23	Verrerie (la)	9
Leibourg	13	Werentzhouse	5
Leymen	13	Winckel	6
Levoncourt	11	Wolschwiller	9

ALTITUDES

des principaux points culminants.

Ferrette :	m.		m.
		Obywald	763
Château (plate-forme)	613	Pfleflingerfluh . . .	689
Haïdefluh	630	Rittimatte	628
Hartwiblefelse	610	Scholis	640
Muserei	640	Verrerie	672
Rossbarg	654	Weissenstein	1200

Jura :		Vosges :	
Blauen-Soleurois . .	771	Ballon d'Alsace . . .	1290
Ebourbettes	717	Ballon de Guebwiller	1426
Gempenfluch	765	Ballon de Servance .	1210
Glasberg-Blochmont .	797	Bärenkopf	1077
Glasberg-Luxdorff . .	628	Rossberg	1196
Glasberg-Winckel . .	817		
Horni	725	**Forêt-Noire :**	
Kolbarg	682	Blauen-Badois . . .	1167
Landskron	536	Köhlgarten	1239
Nagelebarg	690	Sainte-Chrischona . .	535
N.-D. de la Pierre .	514	Tüllingen	462

TABLE.

—

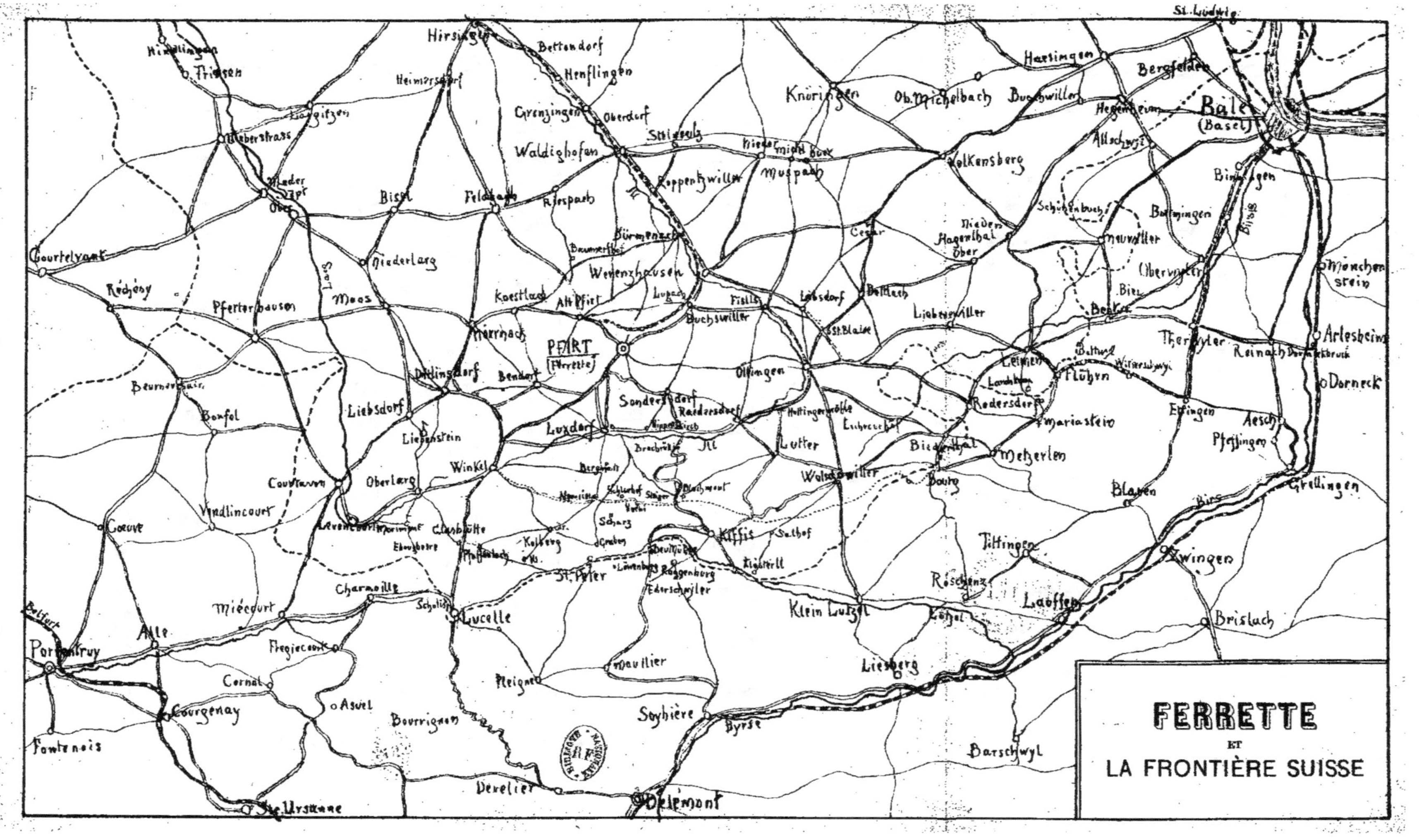

FERRETTE
ET
LA FRONTIÈRE SUISSE
St. Ludwig
Bâle (Basel)
Hartingen
Bergfelden
Hegenheim
Allschwyl
Binningen
Birs
Bettingen
Buttingen
Neuwiller
Oberwyler
Bitz
Beloy
Mönchenstein
Arlesheim
Reinach
Dornach
Therwyler
Bruckbruck
Ob. Michelbach
Buchswiller
Knöringen
Hirsingen
Bettendorf
Henflingen
Grenjingen
Oberdorf
Stieselz
Nieder midt Bur
Muspach
Folkensberg
Schönenbuch
Niedern Hagenthal
Ober
Cesar
Bättlach
Niederlarg
Waldighofen
Riespach
Roppenzwiller
Ilt
Bürmenzach
Baumerthof
Wenenzhausen
Luppe
Frille
Lobsdorf
Liebenzwiller
Battens
Winerswyi
Leimen
Landshut
Flühyn
Effingen
Aesch
Pfeflingen
Blauen
Birs
Grellingen
Hindlingen
O. Fiesten
Bargitzen
Uberstrass
Nieder Ipf
Ober
Bisel
Feldbach
Moos
Soos
Koestlach
Alt Pfirt
Buchswiller
St. Blaise
Olfingen
Redersdorf
Mariastein
Hottingermühle
Lubrecehof
Biedenthal
Metzerlen
Bourg
Tittingen
Röschenz
Lauffen
Lohol
Zwingen
Brislach
Courtelyant
Rodjony
Pferterhausen
Harrnach
PFIRT (Ferrette)
Dellingsdorf
Bendorf
Liebsdorf
Liebenstein
Winkl
Oberlerg
Beurnevesin
Bonfol
Luxdorf
Sondersdorf
Raddersdorf
Oppersbirch
Brachrüti
Ilt
Lutter
Walswiller
Bergzen
Nermitre
Schurhof Singer
Vehr
Blochmont
Scharz
Kolberg
Graben
Kiffis
Sathof
Riedtkill
Courtavon
Vindlincourt
Coeuve
Levencourt Imporinne
Glashütte
Ebourghore
Pfaffenbach etc.
St. Peter
Lümenburg Roggenburg
Ederschwiler
Klein Lutzel
Liesberg
Charmoille
Miécourt
Schelipin
Lucelle
Frejecourt
Reignot
Mauiller
Soyhière
Byrse
Darschwyl
Belfort
Alle
Cornal
o Asuel
Courgenay
Bourrignon
Develier
Delemont
Fontenais
Ste. Ursanne
Porrentruy
FERRETTE
ET
LA FRONTIÈRE SUISSE

FERRETTE

HOTEL DE LA GARE

EN FACE DU DÉBARCADÈRE

à proximité des Bains de Vieux-Ferrette

PROPRIÉTAIRE:

ALPHONSE PFIFFER

RESTAURANT

REPAS A TOUTE HEURE

Chambres et Logements garnis

avec pension

LOUAGE DE VOITURES

EN TOUS GENRES

SERVICE D'OMNIBUS

PAR COURTAVON & MIÉCOURT

PRIX MODÉRÉS

BAINS

DE LA

BOURG

VALLÉE DE LEIMEN

(Canton de Berne)

à environ une lieue de la station de Flühen
du chemin de fer de la vallée de la Birsig.

Service postal avec Bâle deux fois par jour.

SAISON

du 15 Mai au 15 Octobre

Site pittoresque et climat très sain.

Locaux bien appropriés et grand jardin d'agrément.

Cuisine et Cave très soignées

Service attentif et prix modérés.

RÉMI SCHOLER,
Propriétaire.

EXCURSIONS

AUX

GROTTES

DE MILANDRE

PRÈS BONCOURT

District de Porrentruy (Suisse)

Elles sont situées à :

1 ½ kilomètre de la gare de Delle (France).

2 km. de la Halte de Grandgourt (Suisse).

5 km. de la gare de Courtemaiche (Suisse).

10 km. de la gare de Porrentruy (Suisse).

Ces grottes merveilleuses sont visitées par des milliers de touristes, qui en admirent les beautés souterraines. L'entrée se trouve à la base du rocher qui supporte la vieille tour en ruine que l'on aperçoit à peu de distance de Boncourt.

Les nombreux travaux que les propriétaires du domaine ont fait exécuter pour en rendre l'accès facile, la beauté du paysage environnant, tout a contribué à faire de ce lieu une des promenades favorites des habitants du pays et de nombreux étrangers.

Ouverture des Grottes pendant le semestre d'été.

Illuminations les jeudis, dimanches et fêtes.

ENTRÉE: 1 fr. par personne.

Restaurant à la Ferme.

A vendre à Ferrette

UN
MOULIN
avec battoir-à blé

45 pieds de chute sur lit de roche, bâtiments et dépendances d'une contenance de **six hectares**, le tout d'un seul tenant en nature de prés de première qualité.

Cette propriété est située à l'extrémité du plateau, en partie au soleil levant, à l'entrée de la ville, près la station du chemin de fer, entre la route de Bouxwiller et celle de Vieux-Ferrette et au centre de six villages distancés de moins de quatre kilomètres.

Elle peut convenir pour un établissement industriel, de commerce ou d'exploitation agricole.

La petite ville de Ferrette, qui ne possède que le commerce du Haut-Sundgau et pas la moindre industrie, prêterait un concours sympathique à tout établissement de ce genre.

Pour la vente, s'adresser à

M. Hippolyte VOGELWEID à Ferrette
(ville haute).

9 782013 503457